남들과 다르게
이직합니다

나에게 딱 맞는 외국계 기업 취업하는 하이퍼 리얼 이직 로드

남들과 다르게 이직합니다

초판 1쇄 인쇄 2023년 3월 28일
초판 1쇄 발행 2023년 4월 4일

지은이 이직장인

발행인 백유미 조영석
발행처 (주)라온아시아
주소 서울특별시 서초구 효령로 34길 4, 프린스효령빌딩 5F

등록 2016년 7월 5일 제 2016-000141호
전화 070-7600-8230   **팩스** 070-4754-2473

값 17,000원
ISBN 979-11-6958-045-8 (03320)

라온북은 독자 여러분의 소중한 원고를 기다리고 있습니다. (raonbook@raonasia.co.kr)

남들과 다르게

이직합니다

이직장인 지음

RAON
BOOK

우물 밖으로 뛰어오르려는
당신을 위해

　근 20년의 사회생활을 하면서 총 여섯 번의 외국계 기업 이직을 경험했다. 이를 통해 쌓은 경험과 노하우를 잘 간직하고 있다가 친한 친구나 선후배가 이직과 관련된 도움을 청하면, 기꺼이 조언해 주곤 했다. 나의 노하우를 아낌없이 풀 때마다 골프의 원포인트 레슨 또는 족집게 과외처럼 효과를 보았다는 감사 인사를 받는 횟수가 늘어나면서, 이직에 관한 나만의 암묵지(경험)를 형식지(활자)로 전환할 가치가 있다는 동기와 자신감을 얻었다.

　책을 내기로 결심하면서 세운 단 하나의 원칙은 '기존에 없는 이직 책을 쓰는 것'이었다. 다행스럽게도 이직에 관한 책 대부분이 인사팀 출신이나 헤드헌터가 저자인 반면, 이 책은 현직 외국계 기업 임원이 직접 겪은 생생한 이직 경험을 담고 있어서 차별점이 명확하다고 할 수 있다. 그래서 내가 그러했듯 철저히 구직자 관점에서 외국계 기업으로 이직하기 위해 준비해야 하는 모든 단계를 하나하나 따라 할 수 있도록 서술했다. 서점에서는 '자기계발, 동기부여' 카테고리 책장에 꽂히겠지만 개인적으로는 이직이라는 시험을 통과하기 위한 '학습지, 해설지'를 만든다는 마음가짐으로 집필했다.

드라마 미생의 대사처럼, 나에게 이직은 '미생에서 완생으로' 나아가는 패스트 트랙이다. 나는 삼성 – 썬 마이크로시스템즈 – 액센추어 – 마이크로소프트 – 오라클 – 워크데이를 거치면서 시스템 엔지니어 – 컨설턴트 – 기술 전략 – 사업 개발까지 다양한 역할을 경험했고, 운 좋게도 30대 후반에 상무 직함을 가질 수 있었다.

지금은 평생직장이라는 개념이 사라지면서 '이직 = 한곳에서 뿌리를 내리지 못하는 것'이라는 편견이 차츰 옅어졌고, 더 좋은 조건의 기업을 찾아 이직을 준비하는 활동이 늘어나고 있다. 다양한 경험을 쌓으며 빠르게 성장하고 더불어 경쟁력 있는 급여를 받을 수 있는 곳을 찾고 있다면, 외국계 기업으로의 이직은 당신이 원하는 꿈의 직장을 가는 데 훌륭한 지름길이 되어줄 것이다.

책을 쓰며 머리에 그린 독자는 프로 '일잘러'이지만 이직은 어렵게 느끼는 직장인이다. 업무 실력을 갖추고 있고 이직에 대한 욕심도 있으나 이직에 필요한 요령이 없는 사람들, 실력이 있어도 외국계 기업에 지레 겁을 먹고 도전하지 않는 사람들이 꼭 펼쳐보길 바란다. 이직을 위한 요령과 용기가 필요한 일잘러들에게 나의 조언이 도움이 될 것이라 믿고, 이 책이 최대한 많은 프로 일잘러들의 손에 들어갔으면 하는 바람이다.

집필을 시작했을 때는 코로나19 팬데믹이 한창인 시기로 개발자들의 몸값이 천정부지로 치솟았는데, 지금은 마이크로소프트, 구글과 같은 빅테크(Big Tech) 기업들의 대량 해고 기사가 줄을 잇는 취업 빙하기가 되었다. 하지만 채용을 위한 파도는 다시 일어날 것이다. 그 시기에 올라타기 위해서는 꾸준히 체력과 실력을 길러두어야 하며, 역설적으로 외국계 기업이 채용을 줄이고 있는 지금이야말로 준비를 시작할 적기다. 어려운 시기이지만 이 책을 통해 아이디어와 자신감을 얻고 목표하는 외국계 기업으로의 이직에 성공하길 기도한다.

이직장인

차 례

1장

외국계 기업 이직, 빅 찬스가 왔다

2장
이직 로드의 출발선에 서다

3장

성공의 길로 가는 '7단계 이직 로드'

4장

이직장인의 실전 기술, '링크드인'

5장

이직 필살기, '피플앤잡' & '글래스도어'

6장

신무기 장착! 'ChatGPT' 사용 설명서

1장

외국계 기업 이직,
빅 찬스가 왔다

팬데믹 3년이 몰고 온 이직 시장의 변화

코로나19로 이직을 미룬 사람들

2020년 5월 구인 구직 매칭 플랫폼 '사람인'이 이직 의사가 있는 직장인 1,000명을 대상으로 '코로나19 사태가 이직에 영향을 미쳤는지 여부'를 조사했다. 그 결과 69.7%가 '미뤘다'라고 답했다. 이직을 미룬 이유(복수 응답)는 '원하는 기업의 채용 공고가 나오지 않아서(53.4%)'가 가장 많았고, '경영 악재로 채용 취소 가능성 등 불확실성이 심해서(48.1%)'가 뒤를 이었다. ("직장인 10명 중 7명, 코로나19로 이직도 미뤄!", 〈사람인 취업뉴스〉, 2020. 5. 20.)

그다음 해인 2021년 2월에도 사람인에서 이직 의향이 있는 직장인 1,125명을 대상으로 '지난해 이직을 미뤘는지 여부'를 조사했는데, 이들 중 66.7%가 이직을 미룬 것으로 조사됐다. 이직을 미룬 것이 직장 생활에 미친 영향(복수 응답)으로는 '생각 없이 관성적으로 일하게 됨'(46.8%)', '직장에 대한 불만이 더욱 커짐(33.7%)' 등 긍정보다는 부정적인 영향이 많았다. 이직을 미룬 직장인 중 대다수인 90.8%는 곧 이직을 시도할 것이라고 밝혔다.

("직장인 10명 중 7명, 지난해 이직 미뤘다", 〈사람인 취업뉴스〉, 2021. 2. 25.)

또한 2022년 6월 통계청이 발표한 〈2020년 일자리 이동통계〉에 따르면, 2019년 주된 일자리가 2020년에도 유지된 근로자는 약 1,719만 1,000명으로 전년 대비 62만 명(3.7%) 정도 증가했다. 2020년 유지율은 69.2%로 전년 68.0%에 비해 1.2%p 늘었다. 특히 2020년 다른 기업체로 자리를 옮긴 이동자는 약 367만 4,000명으로 전년보다 20만 2,000명(5.2%) 정도 줄었고, 이동률은 14.8%로 전년 15.9%에 비해 1.1%p 떨어졌다.

위에 나열된 통계들을 통해 코로나19가 이직 시장에 상당히 큰 변수로 작용했음을 알 수 있다. 이제 비대면에서 대면 중심으로 사회적 환경이 정상화되면서 그간 눌려 있던 이직에 대한 욕구와 기대가 점차 증가할 것으로 예측된다.

기업 2곳 중 1곳, 경력직 우선 채용

기업들의 채용 경향 또한 변화했는데, 신입직보다는 경력직 위주로 채용이 진행되고 있으며 신입 직원과 경력 직원 비율이

평균 4:6으로 경력직이 1.5배에 이를 정도로 쏠림 현상이 심화했다. 경력직 우선 채용 이유로는 '바로 업무에 투입할 인력이 필요해서(73.9%, 복수 응답)'가 가장 컸다. 계속해서 '전문 인력이 필요해서(26.1%)', '이직/퇴사 등의 이유로 빈 인원을 뽑기 때문에(25%)', '경력직이 적응력이 더 좋아서(19.3%)', '신입 사원을 교육할 여력이 없어서(15.3%)', '조직 생활 이해도가 높아서(8.5%)' 등이 뒤를 이었다.

채용 방식은 수시 채용이 82.9%로 압도적으로 높았고, 수시 채용을 선호하는 이유에 대해 '이직/퇴직에 즉각적 대처로 운용 효율화(46.6%)'를 최우선으로 꼽았으며, '인력 적기 채용 필요(42.5%)', '실무에 바로 투입하기 위해(25.2%)', '경영환경 변화 빠르게 대처(21.8%)', '직무 중심 인력 채용(19.2%)', '불필요한 비용 및 시간 낭비 최소화(9.8%)' 등을 들었다. 즉 코로나19로 인한 불안감이 심화하면서 채용시장 분위기가 인재를 육성해 활용한다는 차원에서 시행해 온 신입 사원 채용에서 즉시 전력감을 적재적소에 배치하기 위한 경력직 중심의 수시 채용으로 완전히 다르게 개편되고 있다는 의미다. (이종욱, "신입직 보다 경력직 선호…코로나에 채용 시장 변화", 〈경북일보〉, 2021. 12. 8.)

인턴사원을 정규직으로 전환 채용하는 기회도 줄어들고 있어서, 최소 한두 곳 이상의 기업에서 인턴으로 반년에서 1년가량 경력을 쌓고 대졸 신입으로 지원하는 이력서를 어렵지 않게 볼 수 있다. 이 같은 세태를 반영하듯 예능 프로그램인 〈SNL 코리아〉의 면접 전쟁 에피소드에서 경력직만 뽑는 현실을 신랄하게 풍자했다. 연예인 유병재가 면접자로 등장해 경력직만 뽑는다는 면접관의 말에 "아니, 무슨 다 경력직만 뽑으면 난 어디 가서 경력을 쌓냐?"라며 분노를 표출하는 것이다. 이 에피소드는 큰 호응을 얻어 여러 커뮤니티와 유튜브에서 짧은 동영상으로 만들어져 공유되었는데, 마냥 해맑게 웃을 수 없는 팍팍한 현실에 안타까움을 느낀다.

코로나19 위기 전후로 경제／산업구조가 변화했다. 정보통신기술(ICT) 산업 부가가치가 국내총생산(GDP)에서 차지하는 비중이 코로나19 위기 이전인 2019년 1~3분기 10.9%에서 2021년 1~3분기에는 11.3%로 크게 높아졌고, 또한 전체 수출 경기를 견인하는 것으로 분석되었다(현대경제연구원, 〈코로나 위기 만 2년의 경제·산업구조 변화와 시사점〉, 2022. 1.). 그사이 이직 시장에서는 개발 인력 확보를 위한 연봉 인상 경쟁이 본격화되어서 최근 5년간 연봉 상승률은 59.2%(2017년 평균 3,756만 원 → 2021년 상반기 5,983만 원)에 달했고, '개발자 몸값 1억 원 시대'가 열렸다는 기사로 온라인 커뮤니티가 한동안 떠들썩하기도 했다. (배정철, "치솟던 IT 개발자 몸값 '급브레이크'", 〈한국경제〉, 2022. 7. 31)

난세의 영웅이 되자

'위기(危機)는 기회(機會)다'라는 말이 있다. 귀에 못이 박히도록 들어온 상투적인 말이다. 그러나 내 경험을 돌아보면 위기 상황에서 벗어나기 위해 발버둥 치는 과정에서 기회를 잡은 것이 사실이다. 다만 중요한 것은 시대가 변화하는 방향에 관심을 두고, 그에 발맞추기 위해 지속적인 노력을 했다는 것이 차별점이다.

코로나19로 인한 사회적, 환경적 변화 그리고 산업구조 변화에 대응하기 위해서는 새로운 지식과 정보를 빠르게 습득하고 본인의 사전 경험과 지식에 연결하는 노력을 해야 하며, 이러한 과정을 통해 '생각하는 힘'을 키우는 것이 중요하다.

그리스신화에 나오는 기회의 신 카이로스는 스스로에 대해 이렇게 설명했다.

"내가 벌거벗은 이유는 쉽게 눈에 띄기 위함이고, 나의 앞머리가 무성한 이유는 사람들이 나를 보았을 때 쉽게 붙잡을 수 있게 하기 위함이며, 나의 뒷머리가 대머리인 이유는 내가 지나가고 나면 다시는 사람들이 나를 붙잡지 못하도록 하기 위함이다. 어깨와 발에 날개가 달린 이유는 그들 앞에서 최대한 빨리 사라지기 위해서다. 나의 이름은 바로 기회다."

코로나19든 저성장·저고용 시대든 우수한 직원을 확보하기 위해 기업들의 인재 전쟁은 계속되고 있다. 혼란스러운 시기야말로 인재가 두각을 드러내고 그 가치를 인정받을 수 있는 절호

기회의 신 '카이로스'
출처: 위키미디어 커먼스

의 기회다. '준비가 기회를 만났을 때 생기는 게 행운이다'라는
말이 있듯이, 이직 시장에서도 꾸준한 노력과 준비만이 내가 꿈
꾸는 기업에 합격하는 행운을 잡는 방법이다.

대전환의 시대,
일하는 방식의 변화

코로나19로 앞당겨진 비대면 업무 환경

2019년 말부터 시작된 코로나19는 치료제가 나오고 백신이 개발된 이후에도 여전히 전 세계에 큰 영향을 끼치고 있다. 이로 인해 우리는 많은 변화를 맞았고, 그중 기업에서 일어난 눈에 띄는 변화는 '재택근무' 도입이 아닐까 싶다.

많은 기업이 미처 준비하지 못한 채 갑작스럽게 재택근무를 도입해야만 했고, 재택근무에 대한 대규모 사회적 실험이 촉발되었다. 미국에서는 코로나19 이전 5%에 불과했던 재택근무자 비율이 약 50%로 10배 증가했고, 우리나라도 고용노동부 조사에 따르면 재택근무를 포함한 원격근무제를 시행하고 있는 사업체가 2016년 기준 4.1%에 불과했으나 2020년에 진행된 한국경제

연구원 조사에 따르면 국내 매출액 500대 기업의 26.7%가 코로나19를 계기로 재택·원격 근무제를 도입한 것으로 나타났다.

코로나19라는 강력한 외부 요인으로 인해 비대면이라는 새로운 업무 방식이 급격히 도입되면서, 초기에는 사회 안팎에서 혼란이 생겨났다. 시간이 지날수록 사람들은 차차 바뀐 비대면 생활에 적응했고, 우려했던 것만큼 업무 효율성 저하 문제가 크게 나타나지 않았다. 특히 밀레니얼과 Z세대는 디지털 기술을 통한 비대면 업무 환경에 재빨리 적응했다.

하이브리드 업무의 역설

비대면 문화가 확산하면서 가져온 변화는 강력했다. 출근하지 않고 온라인으로 업무를 보는 새로운 근무 환경에 적응한 많은 직장인은 그동안 당연하게 생각했던 사무실 근무 방식의 효율성과 생산성에 대해 의문을 품게 되었다. 그래서 코로나19가 종식되더라도 이전처럼 100% 기업으로 출근하는 형태로 업무가 복귀되기를 바라는 직장인은 많지 않았다. 그러나 여기에는 아주 미묘한 차이가 있다. 직장인 대부분이 유연한 원격근무 방식이 계속되기를 원하면서도 팀과 함께하는 시간이 쏙 필요하다는 데에는 의견을 같이했기 때문이다.

2020년 말, 세계적인 회계 컨설팅 그룹인 프라이스워터하우

스쿠퍼스(PwC)가 미국의 원격 근무자를 대상으로 진행한 설문 조사 결과를 보면, 응답자의 대다수는 코로나19 이후에도 원격 근무가 계속되길 바라지만, 그럼에도 71%는 주 1회 이상 사무 실 근무를 원한다고 답했다. ('The future of remote work: Global PwC survey outputs', 2020. 9. 8.)

마찬가지로 마이크로소프트가 발표한 〈2021 작업동향지수보 고서(Work Trend Index Report)〉 결과에서도 응답자의 73%는 유연 한 원격근무 방식이 계속되기를 원하지만, 팀과 더 많은 시간을 함께하기를 원한다고 답한 비율이 67%에 달했다. 마이크로소프 트는 이를 '하이브리드 업무의 역설(Hybrid Work Paradox)'이라고 정의했다. 즉, 직원들은 언제 어디서 일할지에 관한 유연성을 기 대하며 코로나19 이전과 같이 100% 사무실로 출근하는 것을 두 려워하면서도, 협업 등에 있어서는 동료들을 직접 대면하며 일 하고 싶어 한다는 것이다.

근무지 유연화, 기업의 경쟁력

직원들이 지난 2년간의 재택근무를 경험하고 이후의 삶에 대 해 고민하기 시작하면서 기업은 이에 대응해야 할 필요성이 생 겼다. 2021년 하반기, 전 세계적으로 백신 접종률이 높아지면서 기업들이 다시 사무실 복귀 계획을 검토하자 이에 반발하는 분위기도 생겨났다. (김리안, "애플 직원들, 팀쿡 CEO에 사무실 복귀 싫어요" 반발, 〈한국경제〉, 2021. 6. 6.)

실제로 '애플'에서 인재 유출이 일어났는데, 2022년 4월 사무실 근무를 늘려가겠다고 발표한 이후, 애플에서 머신러닝 개발을 이끌던 스타 개발자 이안 굿펠로(Ian Goodfellow)가 구글의 계열사인 딥마인드(DeepMind)로 옮겨버렸고, 다른 직원들도 강하게 반발하며 퇴사가 이어지자 결국 사무실 근무 정책을 시행하기도 전에 철회했다.

이러한 전 세계적인 흐름에 발맞춰 팬데믹 이후에도 원격근무와 사무실 근무를 결합하는 '하이브리드 워크(Hybrid Work)' 도입을 준비하거나 운영하는 기업이 늘고 있다. 글로벌 IT 대기업 애플, 구글, 마이크로소프트는 사무실 복귀 계획을 수립하면서 2022년 상반기부터 하이브리드 워크를 운영했고, 국내에서도 네이버와 카카오가 하이브리드 근무를 근간으로 한 새로운 혁신 근무제도를 2022년 7월부터 실시했다.

하이브리드 워크를 바라보는 시선의 차이

앞의 설문조사처럼 직원 대부분이 재택만 원하는 것은 아니며, 기업들도 예전 방식만 고집해서는 인재를 구하기가 어렵다는 데 공감하고 있다. 그런데 이런 하이브리드 업무 방식을 적용하고 받아들이는 태도는 외국계 기업과 국내 기업 사이에 확실한 온도차가 있다.

외국계 기업(국내 지사 포함)은 재택 또는 하이브리드 근무 형태를 새로운 일하는 방식으로 인정하고, 업무 효율성과 생산성을 제고하는 방법을 찾는 동시에 직원의 웰빙(Well-Being), 삶과 일의 균형에 초점을 맞추어 운영하고 있다. 내 주변의 외국계 기업에서 근무하는 지인 중 대부분은 팬데믹 이후 재택근무에 필요한 업무 기기를 기업에서 지원받았고, 코로나19가 잠잠해졌을 때도 매니저에게 형식적으로 얼굴을 비추는 것보다 개개인의 핵심 성과지표(KPI)와 성과를 달성하는 것에 더 집중할 수 있는 제도와 환경을 조성하는 데 초점을 맞추었다.

그에 반해 국내 기업은(물론 외국계 기업 이상의 제도와 문화를 갖춘 곳도 있지만) 대부분 재택근무를 기업에서 직원에게 베푸는 혜택으로 인식하고 있으며, 그에 따라 재택근무에 필요한 업무 기기는 자비로 구매하는 경우가 대부분이다. 물론 성과 달성 등 정량적 기준으로 인사를 평가하지만, 일단 직원이 눈에 자주 보이는 것이 정성적 평가에서도 큰 영향을 미침은 어쩔 수 없는 현실이다.

부러워하지만 말고, 이력서를 던지자

사무실 근무, 재택근무 그리고 하이브리드 워크의 생산성에 관한 연구는 계속되고 있으나, 직원 만족도와 삶의 질이 상승한다는 것은 이미 확인된 사실이다. 오랜 기간 외국계 기업에서 근무하며 느끼는 장점은 국내 기업 대비 경쟁력 있는 금전적 보상도 있지만, 집중할 수 있는 환경과 시간을 자기 주도적으로 유연하게 선택할 수 있고 그것이 기업의 보편적인 문화로 자리 잡고 있다는 점도 상당하다. 물론 자율성이 주어지는 만큼 그 결과는 성과와 매출로 철저히 증명해야 한다.

일하기 좋은 기업을 그저 부러워하지만 말고, 목표로 하는 기업의 직무기술서(Job Description)와 본인의 이력서를 비교하고 매일매일 꾸준히 노력을 축적하면서, 언젠가 분명히 다가올 기회를 잡기 위해 준비하자. 부러우면 지는 것이 아니라 부러워하기만 하면 지는 것이다.

외국계 기업,
이래서 옮긴다

나에게 '외국계 기업'이란

초등학교 시절 외국계 기업에서 근무하는 아버지를 주말에 따라간 적이 있다. 까마득한 기억이지만 그 당시에 생소했던 컴퓨터도 만져보고 휴게실에 비치된 탁구대에서 같이 운동하면서 막연히 '아빠 회사 참 좋구나'라는 생각을 했었다. 당시에는 흔치 않았던 기업에서 주최하는 연말 부부 동반 파티에서 어머니가 뽑은 제주도 여행권 덕분에 처음으로 비행기도 타봤다. 이러한 경험 덕분에 나는 외국계 기업에 대해 친근한 느낌이 있었고, 대학교를 졸업할 때도 시작은 국내 기업이지만 외국계 기업으로 꼭 옮기겠다는 계획을 세웠다.

영어 커뮤니케이션, 해외 출장 등 소위 '좀 멋있어 보이는' 생활이 외국계 기업에 대한 대표적인 이미지다. 그러나 나는 아버지를 통해 국내 기업과는 차원이 다른 외국계만의 냉정함을 보고 들으며 자라왔다. 덕분에 막연한 환상을 갖고 입사했다가 실망하는 시행착오도 줄일 수 있었다.

내가 왜 외국계 기업을 선택했고 왜 계속 외국계 기업에서 근무하고 있는지는 책 전반에 걸쳐 다루겠지만, 먼저 독자들이 가장 궁금해할 만한 요소들에 대해 환상과 현실을 비교하며 설명해 보고자 한다.

외국계 기업은 연봉이 높다?

아니다. 외국계는 성과 지향적이다. 대졸 신입 직원들의 이야기를 들어보면 외국계 기업보다 국내 대기업의 연봉이 높은 편이다. 다만 국내 대기업은 입사 후 연봉 상승이 높지 않지만 외국계 기업은 초봉이 낮은 대신 개인의 역량과 성과에 따라 인상률이 높아질 수 있다. 경력직의 경우, 직군에 따라 차이가 있겠지만 계약 연봉에서 개인과 기업의 실적에 연동되는 인센티브의 비율이 높다[예를 들면 계약 연봉(100%) = 기본급(50%) + 실적에 따른 인센티브(50%)]. 매출을 초과 달성하는 경우 계약 연봉보다 꽤 높은 금액을 실수령액으로 가져갈 수 있다.

외국계 기업은 워라밸이 좋다?

아니다. 외국계는 자율성이 높다. 부서에 따라 정도의 차이가 있지만 9시에 출근해서 책상을 지키고 있다가 6시에 눈치 보고 퇴근하는 것이 아닌 각자 본인 업무에 책임을 지고 스스로 시간을 조절할 수 있다. 일도 휴식도 열심히 하는 환경(Work Hard, Play Hard)으로, 매주 진척도를 보고하며 기한 내 업무를 완수해야 하므로 자발적으로 일할 수밖에 없는 문화다. 해외에 있는 동료들과 협업이 필요할 때는 근무시간과 상관없이 이른 아침이나 늦은 밤에 콘퍼런스 콜을 하는 경우가 빈번하게 발생한다.

외국계 기업은 조직문화가 수평적이다?

그렇기도 하고 아니기도 하다. 능력과 성과에 따라 보상하는 외국계 기업의 특성상 국내 기업에 비해 수평적 문화가 정착되어 있다. 국내 대기업보다 소규모 조직이다 보니 보고 체계도 단순한 편이다. 권한이 많이 주어지고 의견 피력이 비교적 자유로운 대신 주어지는 업무의 책임도 더 크다. 하지만 국내 대기업도 직급 폐지를 포함해 기업문화가 변화하고 있고, 외국계 기업보다 더 높은 수준의 수평적 조직문화가 형성된 스타트업들을 쉽게 찾아볼 수 있다는 점은 고무적이다.

외국계 기업은 영어에 능통해야 한다?

그렇기도 하고 아니기도 하다. 비즈니스 수준의 의사소통이 가능한 영어 실력을 갖춰야 하지만 업무에서 활용할 일은 생각보다 많지 않다. 그러나 직급이 올라갈수록 본사와 소통하는 일이 많아지기 때문에 그때는 자유롭게 의사소통을 할 수 있는 것이 엄청난 경쟁력이 된다.

외국계 기업은 이직이 활발하다?

그렇다. 외국계 기업은 신입 공채보다는 경력직 채용이 대부분이기 때문에 같은 산업 및 업종에 있는 회사 직원 간 네트워크 및 교류가 활발하다. 이를 통해 'A 회사에 X 포지션이 새로 열렸다'와 같은 소식도 빠르게 공유되기 때문에, 이직을 통해 몸값을 높이거나 승진 기회로 이어 나가는 것이 꽤나 자연스럽다. 특히, 경쟁사로 이직해서 어제의 동료가 오늘의 적이 되는 경우도 매우 흔하게 찾아볼 수 있다.

나는 일잘러인가 일못러인가

외국계 기업에 대한 수식어들은 대부분 현실을 왜곡하거나 미화하는 것이 많다. 내가 15년가량 다양한 외국계 기업을 거치며 느낀 장점은 성과에 대한 보상이다. 예전보다는 개선되었지만,

여전히 국내 기업은 일잘러(일을 잘하는 사람)와 일못러(일을 못 하는 사람)의 차이가 크지 않은 온정주의적 보상 문화가 자리 잡고 있다. 그에 반해 외국계 기업은 실적에 따른 당근과 채찍이 확실하므로 본인 업무에 오너십(Ownership)과 열정을 갖고 일하고자 하는 프로 일잘러에게 적합한 환경이다. 반대로 말하면 성과를 내지 못할 경우, 굉장한 압박에 시달려야 한다.

직장인으로서, 내가 하는 일에 대한 주체로서 책임감을 느끼고, 주도적으로 이끌어가는 상황을 즐기고, 그에 관한 결과를 온전히 스스로 누리거나 감당할 수 있는 사람이라면 외국계 기업으로 이직을 강력히 추천한다.

2장

이직 로드의
출발선에 서다

회화보다는
토익부터 완성하라

영어 회화, 과연 가장 중요할까

외국계 기업에 취업하고 이직한 경험이 많다 보니 주변 후배나 친구들 또는 예전 직장 동료들 등 내게 외국계 기업에 취업하는 방법을 물어오는 이가 많다. 재미있는 것은 그들이 처음으로 물어보는 질문이 거의 정해져 있다는 것이다. 바로 '외국계 기업 가려면 영어 얼마나 잘해야 해요?'이다.

나 역시 외국계 기업에 처음 도전할 때 영어가 가장 고민이었다. 공대를 졸업해 엔지니어로 일하고 있었던 나는 삼성에서 요구하는 토익 합격점을 아슬아슬하게 통과한 실력이었기 때문에 영어 압박감이 매우 컸었다. 채용 프로세스 내내 '인터뷰 질문에 영어로 어떻게 대답할까……', 채용이 결정되었을 때는 '회의 시간에 알아듣지도 못하고 하고 싶은 말도 제대로 못 하면 어쩌지……' 하고 전전긍긍했던 기억이 선명하다.

그렇다면 실제 현실은 어떠할까? 외국계 기업에서 영어 실력은 얼마나 중요할까?

원어민 수준의 '영어 실력자 집단'이 아니다

먼저 이에 대한 답을 하자면 영어 실력은 1순위가 아니며 회사별로 요구하는 수준과 활용 빈도 역시 다르다는 점이다. 우선 외국계 기업이 요구하는 직무기술서의 요건(Requirements)을 살펴보자.

언어와 관련된 전형적인 요건은 '비즈니스 수준의 한국어와 영어(서면 및 구두) 필수[Business Level Korean and English(Written and Verbal) Required]'인데, 이때의 비즈니스 레벨이란 곧 회사 업무를 수행할 수 있는 수준이다. 회사마다 차이는 있겠지만, 나의 경험을 기반으로 하자면 업무를 진행하는 내내 영어 커뮤니케이션이 필요하지 않은 곳도 있었고, 가끔 이메일 커뮤니케이션 정도만 영어로 하는 곳도 있었다. 반대로 대부분의 메일을 영어로 작성하는 것은 기본이고 수시로 해외 동료들과 영어로 콘퍼런스 콜(요즘은 화상 미팅)을 진행하는 것이 일상인 회사도 있었다.

교포나 유학생 출신들은 원어민 수준(한국인 관점에서)의 영어를 구사하지만, 직원 대부분은 직무기술서에 있는 그대로 '업무를 수행하는 데 문제가 없을 정도'의 말하기와 듣기, 쓰기 수준을 갖추고 있다. 물론 영어 커뮤니케이션이 원활한 사람이 본사와 네트워킹을 할 기회가 더 많이 주어지기 때문에 여러모로 유리한 것은 사실이다. 그러나 더듬거리는 영어라도 나의 의견을 정확히 표현할 수 있다면 인터뷰를 통과하고 업무를 수행하는 데 큰 문제가 되지는 않는다.

요즘 대학생 중에서는 해외 어학연수, 교환학생 프로그램 등을 통해 영어 문화권에서 일정 기간 생활한 경험이 있는 사람들을 어렵지 않게 찾을 수 있다. 또한 취업을 위해 토익(TOEIC) 900점 이상의 스펙을 만든다. 이 정도 영어 수준만 갖추면 외국계 기업에서 일하는 데 문제가 없다고 생각한다. 어느 기업이든 '해당 업무에 대한 출중한 경험과 지식'이 지원자와 직원을 평가할 때 제일 중요한 요소다. 다만 외국계 기업은 업무를 수행하고 주변과 소통할 때 영어라는 '도구'가 자주 사용될 뿐이다.

비즈니스 영어의 기초, 토익으로 시작한다

'그래, 해보는 거야!'라며 마음을 다잡고 국문 이력서를 영문으로 전환하다 보면(이 과정도 매우 녹록하지 않다) 이력서(Resume)에 있는 내용을 영어로 어떻게 말해야 할지 그리고 추가 질문이라도 나오면 그 상세한 내용을 어떻게 설명해야 할지 정신이 한순간 아득해진다. 그렇다면 첫 번째 관문인 영어 인터뷰는 어떻게 준비해야 할까?

그 시작점으로 주변의 많은 사람이 영어 회화 학원에서 레벨 테스트를 받고 한국 사람들이 모인 그룹 클래스에 등록하거나, 마음을 독하게 먹고 1:1 회화에 거금을 투자한다. 그러나 한두 달 지나면서 같은 반 사람들과는 이야기가 잘되는 듯한데, 여전히 원어민 선생님에게는 말하고 싶은 내용을 표현하지 못하고 이 길이 맞나 하는 고민이 시작되면서 초반의 열정이 점차 식어간다. 등록할 때의 커다란 기대와 다르게 수강이 종료되면 남은 건 카드 고지서와 한숨뿐인 현실인 경우를 많이 목격했다. 사실 나도 그런 악순환에서 많은 돈을 학원에 기부(?)했던 경험이 있고, 그 과정에서 원어민 선생님과 친구 사이로 지내며 저녁도 먹고 술도 마시고 했지만, 영어 실력이 크게 향상되지는 않았다.

나의 값비싼 경험과 주변 동료들의 사례를 기준으로 봤을 때, 영어학원 레벨 테스트에서 중상급 수준 상태에서 발음을 교정하거나 원어민에 가까운 표현으로 가다듬기 위한 목적으로 원어민이 있는 영어학원을 찾으면 분명 효과가 있다. 하지만 비즈니스 회화의 기초를 다지는 과정으로 투입되는 시간과 비용을 생각하면 사실 비효율적인 학습 방법이다. 오래간만에 만난 사람의 안부를 묻고 일상 속의 소소한 대화를 나누는 1시간의 수업은 인터뷰를 위한 영어에 도움이 되지 않는다.

앞에서도 강조했듯이 외국계 기업에서 요구하는 영어 수준은 '비즈니스 수준'이다. 나는 토익 교재에 있는 표현만 제대로 공부하고 익히면 인터뷰에 필요한 비즈니스 영어를 준비하는 데 별 문제 없다고 단언한다.

매일 1시간, 토익 900점 어렵지 않다

영어 공부하는 사람들이 토익은 시험을 위한 영어라고 말하지만, 토익의 사전적 의미는 '국제 의사소통을 위한 영어 시험(Test Of English for International Communication)'의 약자로 영어가 모국어가 아닌 사람들을 대상으로 일상생활 및 비즈니스 현장에서 요구되는 실용적인 영어 구사 능력을 갖추었는지 평가하는 시험이다.

나는 첫 번째 이직을 준비하면서 매일 아침 남들보다 1시간 일찍 출근해서 토익 교재로 영어 공부를 했다. 여기서 중요한 것은 '토익 시험을 준비'한 것이 아니라 '비즈니스 수준'의 영어 실력을 갖추기 위해 토익 교재를 사용했다는 점이다. 특히 LC 위주로 공부했는데 교재의 음성 파일을 2배속으로 재생해서 모든 문장이 정확히 들릴 때까지, 음성 파일을 1배속으로 재생해서 원어민과 똑같이 말할 수 있을 때까지 무한 반복했다.

영어 인터뷰에 필요한 영어 실력을 습득하는 데에 토익 교재가 가진 장점은 상당히 크다. 일단 다양한 상황들과 그 상황에 맞는 어휘 및 표현들이 제시되기 때문에 기본을 차근히 쌓아 나갈 수 있고, 내 실력이 어느 정도 향상되고 있는지 시험 점수를 통해 점검할 수 있으므로 과정이 지루하지 않다. 앞서 말했듯 나는 삼성에 입사하기 위한 커트라인을 간신히 넘는 수준의 토익 점수(630점으로 기억한다)였는데, 우보천리(牛步千里)의 자세로 아침 1시간을 차곡차곡 쌓아 나갔다. 반년 정도 지나 900점을 넘겼을 즈음 영어 인터뷰에 대한 두려움이 조금씩 사라졌다.

회화를 원한다면 그룹보다는 1:1

나의 버킷리스트 1순위는 수영이었다. 계곡에서 개헤엄으로 왔다 갔다 하는 정도는 문제없었지만, 정확한 영법으로 물살을 제치는 사람들을 보면 너무 부러워서 회사에 입사하자마자 수영 강습을 등록했다. 한데 초급반 첫날 여러 사람에 섞여 있으니 이렇게 배워서는 도저히 내가 원하는 수준에 다다를 수 없을 거라는 판단이 들었고, 그날 바로 그룹 수업을 환불하고 1:1 강습을 신청했다(당시 사회 초년생 급여를 생각하면 큰 투자였다). 결과는 어떠했을까? 단 두 달의 투자로 자유형, 배형, 평형까지(접영은 무리였다) 모두 숙달했는데, 이때 배운 경험으로 휴양지나 수영장을 가게 되면 더욱 즐겁게 보낼 수 있어서 지금까지도 120% 만족스럽다.

마찬가지로 토익 공부를 통해 비즈니스 회화의 기본을 다졌다면, 그룹 회화보다는 1:1 강습을 추천한다. 배우는 시기는 토익 850점 이상의 수준 또는 영어학원 테스트에서 중급(Intermediate)을 달성했을 시점이 투자 대비 효과를 낼 수 있는 수준이다. 회화를 배우면 좋은 이유는 원어민과 대화를 통해 영어 말하기에 대한 울렁증을 없애고 소위 이야기하는 '콩글리시'를 원어민이 사용하는 자연스러운 표현으로 교정받기 위함이다. 한국인들이 가득한 교실에서 한국인끼리 영어로 나누는 대화는 친목을 다질 수는 있으나 실력을 쌓기는 힘들다. 내가 도달하고자 하는 목표가 있을 때는 과감한 투자가 필요하고, 특히 영어는 실력 있는 원어민 강사에게 밀착해서 1:1로 배우며 실시간으로 교정받는 것이 가장 효과적이다.

또한 인터뷰를 앞두고 있을 때는 강사에게 요청해서 모의 인터뷰를 진행하고 피드백을 받을 수도 있다. 물론 성실하고 실력 있는 원어민 강사를 찾기는 쉽지 않다. 나도 많은 돈을 쓰면서 시행착오를 겪었다. 영어 회화 공부를 계속하면서 최종적으로 정착한 곳은 미국 아이비리그 수준의 대학생/대학원생들과 1:1로 수업을 할 수 있는 플랫폼[링글(Ringle), 캠블리(Cambly) 등]인데, 비용이 적지는 않지만, 강의 품질을 고려하면 매우 추천할 만하다.

도전은 언제나 지금 당장!

영어는 잘할수록 유리하고 원어민이 아닌 이상 평생을 꾸준히 공부해야 실력을 유지하거나 간신히 발전시킬 수 있다. 네이버보다 더 방대한 양질의 정보를 구글에서 찾을 수 있듯, 영어로 된 자료를 편하게 듣고 읽을 수 있는 순간 받아들일 수 있는 정보의 양은 기하급수적으로 늘어난다. 다만, '성적을 위한 영어 공부'의 기억에 짓눌려서 외국계 기업으로의 도전을 지레 포기하지 않았으면 한다.

외국계 기업에서 가장 중시하는 것은 직무 능력과 경험이기 때문에, 인터뷰 과정에서 조금 어눌하고 부족한 영어라도 회사에 이바지할 수 있는 영역과 나의 역량을 또박또박 표현할 수 있으면 된다. 그렇게 일단 외국계 기업에 발을 들여놓고 실전 업무를 통해 그리고 개인적으로 영어를 익혀 나가면 그에 따라 나의 경쟁력과 몸값은 자연스레 올라간다.

이력서엔 항상 '현재'를 담아라

나 자신을 알라

직장 생활을 하다 보면 세월이 언제 흘러가는지 모르는 때가 많다. 정신없이 하루하루를 지내다 보면 어느덧 한 달, 1년이 훌쩍 지나가곤 한다. 그렇게 몇 년을 보내다 3~4년 차 정도가 되면 첫 이직의 의지가 솔솔 솟아나기 시작한다. 주된 계기는 동료가 이직하거나 업무 고과가 자신의 기대에 못 미칠 때 또는 맡은 업무가 자신이 발전하고 성장하는 데 그다지 도움이 되지 않을 때 등 심경의 변화가 생기면서다.

소위 '직장인 사춘기'에 접어들면서 취업 정보 사이트를 기웃대다가 컴퓨터 하드에 잠자고 있던 이력서 파일을 열어 보며 조금은 진지하게 이직을 고려하게 된다. 그런데 막상 이력서를 쓰러니 그동안 해온 일들을 어떻게 적어야 할지 굉장히 막막하고 심지어는 '고생은 많이 한 것 같은데, 특별히 드러내서 쓸 만한 게 없네'라는 생각이 들기도 한다. 지금껏 무얼 하고 살았나 하는 '현타'가 오고 굉장히 당황스러운 심정에 빠지는 것이다.

이처럼 이력서를 작성한다는 것은 직장인으로서 자신을 돌아보며 취업 시장에서의 나의 가치를 스스로 측정해 보는 과정이다. 나에게 이직에 대해 조언을 구했던 많은 선후배 그리고 동료 중 '이력서 써서 보내주세요'라는 요청에 행동으로 옮겼던 사람은 많지 않았는데, 이력서를 쓰던 중에 '이런 나라도 월급을 꼬박꼬박 주는 회사라니, 고맙네' 하면서 갑자기 회사를 사랑하는 계기가 되었다고 음주 도중 고해성사를 하는 이도 적지 않았다.

이력서는 그 자체로 나 자신을 돌아보는 매우 유용한 도구다. 따라서 군이 이직을 결심하지 않더라도 주기적으로 이력서를 작성해 보면 자신이 처한 현실을 있는 그대로 느낄 수 있어서 좋다. 더 나아가 이미 이직을 결심하고 완성된 이력서를 만들어본 경험이 있다면 남들보다는 한 걸음 앞서가고 있다고 자부해도 좋을 것이다.

분노는 나의 힘

나는 첫 사회생활을 삼성에서 시작했고 담당 직무는 네트워크 엔지니어이자 기술 영업이었다. 같은 건물에 있는 외국계 기업 직원들과 마주칠 때마다 막연한 동경을 느꼈지만, 직속 파트 장님이 배울 점이 많은 분이셨고 중요한 성과를 낼 기회도 많이 주셔서 별다른 고민 없이 3년이 흘러갔다. 특별한 이슈 없이 나름 인정받으며 순항 중이던 나는 사원 3년 차를 마감하는 12월에 암초를 만났다. 팀장님과의 고과 면담에서 납득하기 힘든 평가와 불합리한 사유를 들은 그 순간, '이직이 아니면 미래가 없다'라는 결심이 들었다.

처음으로 경력직 이력서를 작성하기 시작했다. 당시에는 기분이 굉장히 안 좋았지만, 돌이켜 생각해 보면 나의 경력에 불씨를 일으켜준 좋은 계기라고 생각한다. 직장인이라면 누구나 상사로부터 불합리한 지시를 받거나 참기 힘든 이야기를 들었던 경험이 한 번쯤 있을 것이다. 그 당시 나는 알코올로 화풀이를 하는 대신 키보드에 쏟아부었다. 이직을 위한 한 장의 완성된 이력서를 작성했고 그것이 외국계 경력의 시작점이 되었다.

'나는 이런 경험과 지식을 보유한 상품입니다'라는 팸플릿(이력서)을 준비하면서 주변에 경험 있는 사람들에게 피드백을 구하고 시장에 뿌려서 반응을 기다리는 첫 번째 도전은 큰 용기와 노력이 필요했다. 대기업의 잘못된 관행에 대한 실망으로 질풍노도의 시기에 들어섰던 터라, 나의 외국계 기업을 향한 맹목적인 추앙은 상상을 초월한 원동력으로 작용했다. 첫 번째 이직이 확정되기까지 무아지경으로 달렸던 기억이 생생하다.

드러내기에 조금은 창피한 날것의 이야기를 하는 이유는 '우리 회사는 이래서 안 돼', '내가 여기 아니면 다닐 데 없나!' 등의 푸념을 늘어놓는 대신에, 그 원망과 분노의 감정을 에너지로 전환해서 한 장의 이력서를 완성하기를 바라기 때문이다. 그 과정에서 앞서 이야기한 동료처럼 자아 성찰을 통해 회사와 사랑에 빠져 남들보다 빨리 중간 관리자로 승진한 사례의 주인공이 될 수도 있고, 나처럼 외국계 기업이라는 새로운 경로로 들어설 수도 있다.

이력서는 '나'라는 상품의 홍보 전단지

초등학교 때 숙제를 해결하기 위해 겨우겨우 썼던 일기를 기억하는가? '오늘은 친구와 학교 앞에서 떡볶이를 먹고 놀이터에서 그네를 타며 놀았다. 기분이 참 좋았다'처럼 그날 있었던 일과 감정을 기술했지만 읽는 사람의 관점에서는 아무것도 느껴지지 않는 경우가 대다수다. 여기서 조금 과장을 보태자면, 읽고 나서 바로 덮어버리게 되는 이력서의 구조가 딱 그러하다. 뭔가 대단히 많은 업무와 프로젝트가 이력서에 빼곡히 쓰여 있는데 시원자가 딱 부러지게 무얼 잘할 수 있는 사람인지, 우리 회사에 오면 어떤 부분을 기여할 수 있을지 느껴지지 않는다.

반면에 잘 쓴 이력서는 미국의 SF 블랙 코미디 애니메이션 〈퓨처라마〉의 유명한 대사인 'Shut Up And Take My Money!(닥치고 내 돈 가져가!)'가 생각날 정도로 잘 만들어진 홍보 전단지 같다. 이 대사는 새로운 첨단 기기를 사려는 주인공에게 직원이 기기의 장단점을 설명하자 마음이 급해진 주인공이 기기를 빼앗으며 하는 말이다.

즉, 다시 말해 좋은 이력서는 채용자의 관점에서 알고 싶은 정보들이 곳곳에 키워드와 수치로 박혀 있어서 지원자가 과거에 어떤 일을 통해 어느 수준의 성과를 냈던 사람인지, 우리 회사에 오면 어떻게 일할 수 있을지 연상할 수 있다.

경력직 이력서를 처음 작성한다면, 최근에 진행했던 업무부터 시간의 역순으로 각각을 불릿 포인트(Bullet Point)로 나열한 후에 각 업무에서 내가 달성한 업적을 적어보자. 예를 들어 영업이라면 매출액, 마케팅이라면 고객 유입증가율 등 각 영역에서 중요하게 생각하는 핵심성과지표를 적는 것이다. 그리고 업무를 진행하면서 겪었던 어려움을 내가 어떻게 극복했는지, 그 과정을 통해 무엇을 배웠는지도 최대한 자세하게 기술하는 것이 중요하다.

이 과정을 통해 좋은 이력서를 작성하기 위한 토대와 동시에 인터뷰에서 나올 수 있는 질문에 대답할 수 있는 재료들을 준비한 셈이 된다. 그리고 그 내용을 간략하고 임팩트 있게 정리해서 내 이력서를 읽는 상대방이 '이 사람 꼭 만나보고 싶네!'라는 마음이 들도록 만들면 된다.

인생도 이직도 타이밍! 준비한 자만이 잡을 수 있다

국내 기업들은 채용 공고에 마감일을 정해두고 그때까지 접수된 이력서를 일괄 취합해 리뷰하고 인터뷰를 진행하는 것이 일반적이다. 외국계 기업은 그에 비해 사이클이 짧아서 일정 수준 이상의 지원자들이 어느 정도 모이면 인터뷰를 바로 진행하고 최종 인터뷰를 통과하는 사람이 있으면 프로세스 마감일과 무관하게 채용 프로세스를 종료한다. 나도 꼭 가고 싶은 회사에 딱 마음에 드는 포지션이 있어서 지원했지만 이미 최종 인터뷰(Final Round) 중이거나 연봉 협상 중인 지원자가 있어서 인터뷰 기회조차 주어지지 않았던 쓰라린 경험이 있다.

그렇기에 내 마음에 드는 회사와 포지션을 발견하면 즉시 지원할 수 있도록 상시로 업데이트된 이력서가 필요하다. 좋은 기회는 불쑥 나타났다가 빠르게 사라지는 것처럼, 좋은 회사와 포지션은 나의 경쟁자들 또한 여러 경로를 통해 기회를 호시탐탐 노리고 있으므로 언제 어디서든 지원할 수 있는 준비가 되어 있는 것도 경쟁력이 된다.

엄청난 필력의 소유자가 아닌 이상 이력서를 작성하고 완성도를 높이는 데에는 상당한 시간이 소요된다. 그러므로 마음속에 사직서를 품고 있다면 지금 당장 컴퓨터를 켜고 가장 최근의 업무 성과로 업데이트된 이력서를 완성하길 바란다.

나의 능력이 무엇인지 파악하는 것이 기본

이직 로드의 출발선에 특별한 비법은 없다. 나 자신을 알고, 나의 직무를 정확히 파악하며, 나의 장점과 나에게 부족한 점을 아는 것, 그것이 출발선에서 반드시 갖춰야 할 것들이라고 나는 생각한다. 이 점은 외국계 기업이든 국내 기업이든 가리지 않는 기본 중의 기본으로, 지기(知己)의 과정을 통해 깨달은 나만의 경쟁력을 글로 정리하는 작업이 이력서 작성이다.

냉엄한 이직 시장에서 나의 이름과 경험이 적힌 이력서가 지하철 주변에 버려진 전단지처럼 가볍고 하찮게 취급되길 바라는 사람은 아무도 없을 것이다. 그러므로 수많은 포지션을 관리하고 포지션마다 수십 장의 이력서를 받는 채용 담당자의 관점에서 내가 제출한 이력서가 시간을 내어 꼼꼼하게 검토되고 의사결정권자(Hiring Manager)에게 전달되어 인터뷰로 연결되도록 노력을 기울여야 한다. 그리고 원하는 표적이 나타나면 즉시 발사할 수 있도록 업데이트된 이력서를 항상 장전하고 있기를 바란다.

원하는 포지션에 어울리는 스킬을 쌓아라

내가 잘하는 일 vs 내가 하고 싶은 일

'지피지기 백전불태(知彼知己 百戰不殆)'는 이직 전쟁에서도 유효한 구절이다. '지피'는 내가 지원할 회사에서 채용하고자 하는 직원의 모습과 조건을 정확하게 파악하는 것이고, '지기'는 그 모습과 조건에 내가 얼마나 부합하는지 강점은 부각하고 단점을 보완하는 것이라 할 수 있다.

물론 이직을 결심하게 되는 다양한 이유 중에서 '내가 하고 싶은 일을 하기 위해'가 제일 중요한 사람도 있겠지만 본인의 경력을 완벽히 리셋하고 신입으로 시작하지 않는 이상, 업무와 관련된 경력이 전혀 없는 지원자를 경력 사원으로 채용하는 회사는 매우 드물다.

나도 이직하면서 여전히 고민하고 좌절을 겪는 부분이 '내가 하고 싶은 일'과 '내가 잘하는 일' 사이의 간극이고 그것을 좁혀 나가기 위해 꾸준히 노력하고 있다. 지금은 노하우가 쌓였지만, 첫 번째 이직을 준비할 당시에는 그 간극이 그랜드캐니언 협곡보다 커서 도저히 건널 수 없을 것 같은 심정이었다.

나는 첫 직장에서 네트워크 엔지니어와 기술 영업 업무를 담당하면서 한 분야의 전문가로 차근차근 성장할 수 있었다. 반면에 네트워크 이외의 IT 솔루션들을 접할 기회가 많지 않았기 때문에 이직할 수 있는 회사는 매우 제한적이었다.

하지만 나는 그 지난한 과정 속에서 다양한 시도를 해봤다. 수많은 실패 끝에 결국 한 번의 성공을 만들어냈고, 그 소중한 성공 경험을 발판으로 여러 외국계 기업에 입사할 수 있었다. 이 시간들을 통해 지금은 '내가 잘하는 일'의 영역을 확장하고 동시에 '내가 하고 싶은 일'에 다가가고 있다.

숨겨진 연관성을 찾아 퍼즐 맞추기

내 경력의 두 번째는 썬 마이크로시스템즈라는 서버, 스토리지와 같은 IT 하드웨어를 다루는 기업이었고, 시스템 엔지니어와 기술 영업을 담당했다. IT 영역에서 서버/스토리지란 정보를 처리하고 저장하는 역할을 하는 곳이라 할 수 있다. 우리 몸에 비유해 말하자면 서버/스토리지는 두뇌, 네트워크는 산소와 영양분을 우리 온몸에 전달하는 혈관이라고 볼 수 있다.

IT 분야는 각 영역의 전문성이 중시되기 때문에 서버/스토리지 관련 경험이 전혀 없었던 내가 합격할 가능성은 매우 낮았는데, 이미 근무 중인 지인이 '직원 추천(Referral)'을 해준 덕분에 가까스로 인터뷰 기회는 잡을 수 있었다. 외국계 기업에서 직원 추천은 큰 이점이기 때문에 평소 인맥과 평판 관리를 하는 것이 중요하다.

인터뷰를 준비하며 세운 나의 전략은 삼성에서 '내가 잘해왔던 일'과 썬 마이크로시스템즈에서 '해야 할 일'의 연관성을 찾아서 그 부분을 강조하는 것이었다.

"저는 네트워크 전문가이지만 서버/스토리지로 영역을 확장해서 IT 분야의 슈퍼 제너럴리스트(Super Generalist)가 되고 싶어 지원했습니다"라고 말하는 대신에 "저는 기술 영업을 담당하면서 ○○, ◇◇와 같은 프로젝트를 수주하고 구축을 완료한 경험이 있어서, 귀사에서 채용 중인 기술 영업의 업무와 역할에 대해 정확히 파악하고 있습니다. 또한, 귀사에 네트워크 전문가가 있다면 서버/스토리지에 국한되지 않고 IT 전반을 아우르는 대화를 고객과 나누면서 그들의 과제를 함께 해결할 수 있을 것입니다"로 풀어냈다.

물론 썬 마이크로시스템즈와 경쟁사의 제품 분석 및 시장조사를 하면서 도메인 지식(Domain Knowledge: 특정 분야의 전문 지식)의 이해도를 높이는 노력도 부지런히 했지만, 합격한 후 면접에 들어왔던 매니저에게 들은 피드백은 '우리 회사를 이해하려는 노력이 가상했다'였고 합격의 열쇠는 '내가 잘하는 부분을 통해 회사에 기여할 수 있는 부분'을 강조한 것이라고 했다.

도메인 지식이나 경험이 부족하더라도 실낱같은 연관성이 있다면 그 접점을 시작으로 본인의 강점 중 지원할 회사에서는 결핍된 영역, 즉 본인만이 이바지할 수 있는 부분을 퍼즐 맞추듯하나하나 꾸며 나가야 한다. 어려운 작업이고 탈락의 고배도 마시겠지만, 이직의 뜻이 굳건하다면 반드시 길을 찾을 수 있을 것이라 믿는다.

내가 쌓아야 할 스킬은 직무기술서에 있다

'내가 가고 싶은 회사' 그리고 '내가 하고 싶은 일'에 다가가기 위해 어떠한 역량과 스킬을 쌓아야 하는지 정보가 필요할 때 나는 관심 있는 회사의 채용 사이트를 확인하거나 소셜 미디어 플랫폼인 링크드인에서 회사명/직무명을 검색한다.

채용 담당자(Recruiter)와 부서장(Hiring Manager)이 직무기술서에 '우리 회사에 오시면 이러한 업무를 수행하게 됩니다' 그리고 '본 업무를 수행하려면 기본적으로 이 정도 수준의 경력과 역량을 갖추어야 합니다'에 해당하는 정보를 꼼꼼하고 정확하게 기술해두었기 때문에 내가 목표하는 회사와 직무에 합격하기 위해 준비해야 할 로드맵을 제공해 준다.

직무기술서에 있는 요건(Qualifications) 중에 갖추지 못한 부분은 사내에서 진행하는 프로젝트나 TFT(Task Force Team)가 있다면 적극적으로 참여해서 업무 포트폴리오를 추가하는 것이 제일 나은 방법이다. 회사 내 업무에서 기회가 주어지지 않는다면 관련 교육을 수강하는 방법도 있지만 그것만으로 이력서를 채우기에는 설득력이 부족하니, 교육이 필요하다면 꼭 결과물로 자격증을 취득할 수 있는 과정을 선택하는 것이 좋다.

직무기술서에 있는 수많은 요건을 읽어 내려가면서 '제길, 이번 생에는 글렀어……'라고 생각하는 모습이 예상되는데, 최상위에 있는 소수 능력자를 제외하면 이직을 준비하는 대부분이 겪게 되는 과정이다. 우리가 이상형을 이야기할 때 '수려한 용모에 성격 좋고 재력까지 겸비한' 비현실적인 페르소나(Persona)를 머릿속에 떠올리듯 채용 담당자는 모든 일을 척척 해낼 수 있는 슈퍼 직장인을 기대하며 직무기술서를 기술한다.

예전보다는 조금씩 요건들이 현실적으로 변해가는 것 같기도 하지만, 여전히 동료들과 이야기를 나눌 때 '요즘 같으면 우리는 입사 못 했겠네'라는 말을 가끔 주고받는다. 그러니 직무기술서의 요건들에 주눅 들지 말고 나에게 준비가 필요한 역량이 무엇인지 파악하는 길라잡이로 삼길 바란다.

회사는 많고 포지션은 다양하다

'세상은 넓고 할 일은 많다'라는 말이 있듯 세상에는 수많은 회사와 포지션이 존재한다. 직장인으로서 경력 관리의 시행착오를 줄이기 위해서는 '내가 잘하는 일'과 '내가 하고 싶은 일' 사이의 갭(Gap)을 정확하게 분석하고 그 간극을 이을 수 있는 연결점을 찾아내는 작업을 꾸준히 해야 한다. 또한 '내가 가고 싶은 회사의 포지션'에서 요구하는 스펙이 손에 잡히지 않는다면 그 회사의 채용 사이트나 링크드인에 접속해서 상세 요구조건을 파악하고 교육과 자격증 취득을 통해 필요조건을 갖추어 나가는 과정이 필요하다.

처음에는 '내가 하고 싶은 일'에 대한 방향을 잡기조차 어렵고 그곳을 향해 준비하면서도 확신하기 어려워서 '내가 맞게 하고 있나?'라는 질문을 반복하게 되는데, 옳게 가고 있다면 더할 나위 없이 좋고 조금은 돌아가더라도 그 또한 얻게 되는 교훈이 있으니 나쁜 것은 없다. 가장 나쁜 것은 고민만 하고 아무런 행동을 취하지 않는 것이기 때문이다.

충만한 의지로 이직 준비를 시작하지만, 쉽사리 끝이 보이지 않는 과정이기 때문에 지치고 가끔 넣어보는 지원서에 불합격

메일을 받으면 자신감이 떨어져 현재 직장에 안주하고 싶은 마음이 굴뚝같을 것이다. 하지만 그 모든 과정이 내가 가고 싶은 포지션에 어울리는 스킬을 쌓아가는 축적의 시간이고, 이직에 성공한 순간 늘어난 연봉과 더불어 성장한 자신을 발견할 것이다.

평판은
'보이지 않는 이력서'다

"주변에 괜찮은 사람 없어요?"

외국계 기업에 근무하면 부서장이나 주위 동료들로부터 '주변에 추천할 만한 괜찮은 사람 없어요?'라는 질문을 자주 받게 된다. 기업마다 편차는 있겠지만 업무 밀도와 성과 압박은 높지만 직원 수는 적기 때문에 내공이 깊은 직원을 채용하기 위해 부서장이 직접 발로 뛰는 경우도 많은 편이다. 또한, 직원 입장에서도 추천인이 채용되면 일정액을 보너스로 받을 수 있기 때문에 직원 추천 프로그램(Referral Program)이 더욱 활성화되어 있다.

중요 포인트는 내가 '추천할 만한 괜찮은 사람'이어야 경쟁자에 비해 빠르게 기회를 잡고 합격의 확률을 높일 수 있다는 점이다. 이 말은 곧, 만일 외국계 기업으로 이직을 염두에 두고 있는 사람이라면 주변인들이 흔쾌히 추천할 만큼 내가 괜찮은 사람인지를 진지하게 생각해봐야 한다는 이야기다. 게다가 앞에서도 말했듯이 외국계 기업은 상시 채용이 보편적이라, 평소에 주변인들에게 자신의 이직 의사를 밝혀두는 일도 전략적으로 매우 필요하다. 중요 포인트는 두 가지다. 자신이 '추천받을 만한 괜찮은 사람이 될 것' 그리고 평소 주변인에게 '외국계 기업으로의 이직 의사를 밝혀둘 것'. 이 두 가지가 선행되어야 경쟁자에 비해 빠르게 기회를 잡고 합격의 확률을 높일 수 있다.

단 하루의 인연에서 비롯된 나의 이직

나의 외국계 기업으로의 첫 이직은 삼성에서 만난 1년 후배 H의 추천 덕분이었다. H와는 서로 다른 부서여서 마주칠 기회조차 없다가 각 팀 막내들이 차출되어 만들어진 봉사활동에서 우연히 한 조가 되어 여러 이야기를 나누게 되었다. 적극적이고 진취적인 캐릭터를 가진 친구였는데, 썬 마이크로시스템즈에서 인턴으로 일한 경험이 있었고 기회가 되면 그 회사로 다시 돌아가고 싶다고 말했었다.

봉사활동 이후에는 딱히 업무를 함께 할 일이 없어서 가끔 사무실에서 마주치면 눈인사 정도 주고받았는데, 우리 팀 후배 L을 통해 삼성을 그만두고 썬 마이크로시스템즈로 이직했다는 소식을 들었다. 그간 H가 그 회사로 가고 싶다고 말했기에 나는 '그렇구나, 잘 되었네' 하며 속으로 H의 이직을 축하해주는 정도로 넘겼다.

내가 H를 다시 떠올리게 된 계기는 앞서 이야기한 '사원 3년차의 고과 면담' 이후였다. 납득하기 힘든 이유로 정당한 고가를 못 받은 일 때문에 회사에 대한 신뢰가 전반적으로 떨어진 나는 이직을 결심하고 여러 회사를 알아보며 질풍노도의 시기를 보내고 있었다. 후배 L과 술자리를 하던 어느 날 우연히 H의 근황에 관한 이야기가 나왔다. 지푸라기라도 잡고 싶은 심정이었던 나는 다음 날 바로 H에게 연락했다. 때마침 썬 마이크로시스템즈에서 경력직을 채용하는 시즌이라는 낭보를 듣고는 바로 준비해둔 이력서를 전달해 직원 추천으로 지원할 수 있었다.

적극적인 성격인 H는 단순히 추천만으로 그친 것이 아니라, 세 차례에 걸친 인터뷰에 들어오는 면접관들이 누구이고 어떠한 성향인지 등 여러 정보를 매 라운드를 통과할 때마다 제공해주었고, 내가 외국계에 첫발을 딛는 데 일등 공신이 되어주었다. 나중에 들은 이야기지만 하루 동안 봉사활동을 함께하면서 느낀 '나에 대한 기억'이 '유쾌하고 자상한 모습'이어서 직원 추천을 하고 도움도 주게 되었다고 한다.

느슨한 연결 고리의 힘

'느슨한 연결 고리의 힘(The strength of week ties)'은 미국 스탠퍼드 사회학 교수인 마크 그라노베터(Mark S. Granovetter)가 발표한 논문의 제목으로 가족, 친한 친구 등 가까운 사람들(강한 연결)보다는 친하지는 않지만, 그저 알고 지내는 사람들(약한 연결)에게서 실질적인 도움을 받는 경우가 더 많다는 내용이다. 다른 환경에서 생활하는 사람은 나의 주변인과는 다른 정보를 접하기 때문에 새로운 정보, 기회, 판단을 줄 가능성이 크다는 주장인데, 실제로 그라노베터 교수는 이직한 사람들이 어떤 경로로 새로운 직장을 알게 되었는지에 대한 실증연구를 수행했고, 그 결과 27.8%가 느슨한 관계(Week Ties)를 통해 직장을 구했다고 한다.

지금까지 나는 총 여섯 번의 이직을 했다. 그중 두 번을 제외하고는 모두 재직 중인 직원 추천을 통해 이력서를 접수해서 이직에 성공했다. 나를 '추천'해준 사람들에게 매우 감사하면서도 재미있는 부분은 추천해준 사람들 대부분이 나와 1년에 한두 번 정도 메신저나 통화로 안부를 주고받는 정도의 약한 유대 관계였다는 점이다. 그래도 이런 추천이 가능했던 이유는 외국계에 근무하는 직원들 간에는 '누가 어디에 있더라' 하는 네트워크가 단단하게 형성되어 있기 때문이었다. 그런 강력한 네트워크 넉분에 내가 지원하고자 하는 회사에는 직접 또는 한 다리만 걸치면 아는 사람이 근무하는 경우가 많아 큰 도움이 되었다.

물론 1년에 한두 번 정도만 안부를 묻는 사이인데, 오랜만에 연락해서 부탁하기는 쉽지 않은 일이다. 어느 정도 용기도 필요하다. 그러나 적어도 외국계 이직에 있어서 '느슨한 연결 고리의 힘'이 존재한다는 것을 나는 여러 번의 경험을 통해 체감했기에 이 네트워크를 굳게 믿었고 이를 적극적으로 활용하게 되었다. 만약 주변 지인 중에 사돈의 팔촌까지 눈을 씻고 찾아도 외국계에 근무하는 사람이 없다면, 비즈니스로 맺어진 외국계 기업 직원과의 네트워크를 통해 느슨한 유대 관계를 형성할 수도 있을 것이다.

다만 명심해야 할 것은 분명히 있다. 약한 연결 고리로 표현되는 '인맥'이 나의 부족함을 채워서 불합격을 합격으로 만드는 마법을 발휘하지는 않는다는 점이다. 그러나 수많은 이력서 중에 '직원 추천'이라는 딱지를 붙여서 채용 담당자나 부서장이 한 번 더 읽어보고 고려하게 할 수는 있다. 그리고 이 점만으로도 이직 시장에서는 충분히 유리한 고지를 선점한다고 생각한다.

느슨한 네트워크 형성과 확장

'어리석은 사람은 인연을 만나도 인연인 줄 알지 못하고, 보통 사람은 인연인 줄 알아도 그것을 살리지 못하며, 현명한 사람은 옷자락만 스쳐도 인연을 살릴 줄 안다'라는 말이 있다. 외국계 기업과 파트너로 일하게 되었을 때는 새로운 네트워크를 형성할 수 있는 좋은 기회로 삼아서 적극적으로 그 인연을 활용해야 한다. 업무로 얽힌 사람들과 자연스러운 관계를 유지하면 업계 동향과 외국계 기업들의 다양한 정보를 얻을 수 있다.

최근 줄어드는 추세이기는 하지만, 여전히 회사 간 파트너십을 동등한 관계가 아니라 상하 관계로 이해하고 무리한 요청이나 무례한 표현을 하는 경우가 있다. 평소 언행은 인격을 스스로 드러내는 일이니 올바른 비즈니스 매너를 갖추고 파트너사 직원들을 상대하는 것이 좋은 평판을 만들고 인적 네트워크를 형성하는 첫걸음이라는 점을 명심하기를 바란다.

또한 외국계 기업은 제공하는 솔루션과 서비스에 대한 기술적 전문성은 갖고 있으나 현장에 대한 실질적인 경험이 부족하므로, 함께 일하는 사람들에게 그러한 전문성과 역량을 보여준다면 외국계 기업 입장에서 채용하고 싶은 후보 명단에 오를 수 있다. 실제 내 주변에도 외국계 기업들과 협업하면서 좋은 관계를 유지하다가 '직원 추천'을 포함한 다양한 경로를 통해 이직한 경우가 드물지 않고, 그들의 공통점은 함께 일하는 외국계 기업 직원과 원활한 업무 진행(이분 실력 있고 일 잘하네)과 더불어 점심식사 또는 간단한 커피타임을 통해 친분(이분 인성이 괜찮네)을 쌓았다는 것이다.

살아가는 동안 인연은 매일 일어난다.

그것을 느낄 수 있는 육감을 지녀야 한다.

- 신희상, 〈인연을 살릴 줄 알아야 한다〉

외국계 기업으로의 이직을 목표로 하는 모든 사람이 업무를 하며 사람들을 마주칠 때마다 위의 시 구절을 머릿속에 떠올렸으면 한다.

평판은 이직의 시작이자 종착역이다

인적 네트워크는 개인의 능력을 뒷받침해 줄 수 있는 필수적 요소다. 이직의 시기가 왔을 때 그간 다져 둔 인맥을 통해서 원하는 회사로 이직할 수도 있다. 또한 기업에서 평판 조회는 경력자 채용에서 면접 다음으로 중요한 선발 도구로 자리 잡고 있다.

스펙은 혼자의 힘으로 만들 수 있지만 인적 네트워크와 평판은 주위 사람들을 통해서 형성되기 때문에 오랜 기간 다지고 쌓아 올린 노력의 결실이라 할 수 있다. 이직 시 '그 사람 어때?' 이 말 한마디로 채용이 결정되고 연봉에도 영향을 미친다면 평상시에 직장에서 그리고 함께 일하는 파트너 회사와의 관계에서 평판 관리에 노력을 아끼지 말아야 할 것이다.

다양한 플랫폼에 나를 노출시켜라

이직 시장은 광고 비용이 없다

직장인 부업, 투잡이 유행하면서 유튜브에 온라인 쇼핑몰 창업 관련 영상이 뜨기에 나도 유명 유튜버들의 영상을 상당히 많이 보았는데, 그중 관심 있었던 주제는 유입률과 전환율에 대한 설명이었다. 유입률은 클릭 광고의 클릭량 대비 유입(웹사이트 방문 등)의 비율이고, 전환율은 유입량 대비 전환(회원가입, 이벤트 신청, 구매 등)이 일어난 비율을 말한다. 무엇보다 중요한 것은 바로 전환율인데, 고객층의 타깃을 명확히 설정한 후 그 대상에 맞는 적절한 옵션을 설정해야 하고 포괄적인 키워드보다는 세부적인 키워드를 설정하는 것이 광고비를 낮추고 전환율을 높이는 방법이라고 한다.

이 내용을 이직 시장에 대입하면('나'를 팔기 위해) 일단 나라는 사람을 최대한 노출하고, 많은 수의 채용 담당자와 헤드헌터가 내 이력서를 조회한 후에(높은 유입률) 그들의 관심을 이끌어 연락하게 만드는 횟수를 늘리는(높은 전환율) 작업이 필요하다. 한 가지 차이점은 다양한 마케팅 채널(취업 플랫폼)을 통해 나를 광고하는데 금전적인 비용은 전혀 들어가지 않는 점이다.

국내 취업 플랫폼 TOP3로는 잡코리아, 사람인, 인크루트가 있고, 경력직을 중심으로는 원티드와 리멤버도 사용자가 늘어나는 추세다. 준비된 이력서가 있다면 굳이 아끼지 말고 최대한 많은 취업 플랫폼에 올려놓길 바라는 바이나, 외국계 기업으로 목표를 정한 이상 아래 두 곳은 반드시! 필수적으로! 적극적으로! 활용하길 강력히 권고한다.

활용도가 높은 '피플앤잡'

외국계 기업에 대한 채용 정보를 구하기가 하늘의 별 따기만큼 어려웠던 시절부터 나에게 큰 도움이 되어준 고마운 곳은 '피플앤잡'이라는 사이트다. 기억이 정확하지는 않지만 2010년 초부터 사용한 곳인데, 10여 년이 지난 지금도 웹사이트 디자인은 세월의 변화가 크게 느껴지지 않을 만큼 옛 정취를 많이 간직하고 있다. 하지만 겉모습과는 다르게 다양한 업체의 최신 채용 정보가 알차게 채워져 있는 곳으로 활용도가 매우 높다.

불과 1~2년 전까지 헤드헌터 업체로부터 걸려 오는 전화 중 열의 아홉은 피플앤잡에 등록한 이력서를 보고 연락하는 것일 만큼 활성화된 곳이므로 꼭 이력서를 등록해두기를 바란다. 특히 이력서를 등록할 때 이력서 키워드를 설정할 수 있는데, 인사 담당자 또는 헤드헌터가 피플앤잡에 등록된 이력서를 검색할 때 검색 조건으로 사용되므로 나를 대표하면서도 노출이 많이 될 수 있는 중요한 키워드를 포함해 선택해야 한다.

전 세계인이 사용하는 '링크드인'

링크드인은 2002년 12월에 설립되어 2003년 운영을 시작하였으며 200여 개국에서 5억 명 이상이 이용하고 있는 비즈니스 중심의 소셜 네트워크 서비스다(2016년 마이크로소프트가 262억 달러에 인수함). 해외에서는 활성화되어 있었지만, 국내에서는 효용성이 높지 않아서 해외 기업 소식이나 산업 트렌드에 대한 정보를 파악하는 정도로 활용하였었는데, 최근 2~3년 전부터 링크드인 프로필을 보고 메일 또는 메시지로 포지션을 제안하는 빈도가 점점 늘어나고 있다.

프로필을 잘 관리하고 업데이트해두면 누구든 나를 조회하고 연락할 수 있으며, 나 역시 어떤 사람이 나의 프로필을 조회했는지 확인할 수 있다. 상세 조회를 사용하려면 프리미엄 멤버로 월 구독료를 내야 하는데, 이직을 진지하게 고려하고 본격적으로 지원을 하는 단계라면 구독을 추천한다. 그 이유는 원하는 회사와 포지션을 검색했을 때 해당 포지션의 타 지원자들과 나를 비교해 몇 분위에 해당하는지, 장점과 부족한 점은 무엇인지 알려주는 서비스가 상당히 유용하기 때문이다.

또한 공인 교육 기관 및 인증기관과 링크드인 간에 시스템 연계가 잘되어 있어서 교육 이수, 자격증 취득 시 링크드인에 실시간으로 이력을 업데이트해 공개할 수 있고(공개 여부는 선택 가능), 누구나 '정보 표시(Show Credential)' 버튼을 통해 발급 기관에 연결해 해당 정보가 허위가 아님을 바로 확인할 수 있는 기능을 제공한다.

나를 최대한 노출하고 광고하라

잘 만들어 둔 이력서는 나를 홍보하는 전단지인 만큼 최대한 많은 곳에 걸려서 검색 결과에 노출되어야 한다. 재미있는 것은 명확한 사실임에도 '그 플랫폼은 별 볼 일 없어', '내 이력서를 누가 본다고'라는 가치 판단이나 귀차니즘 때문에 행동에 옮기지 않는 사람들이 상당히 많다는 것이다. 어떻게 로또를 사지도 않았는데 당첨되기를 바라겠는가?!

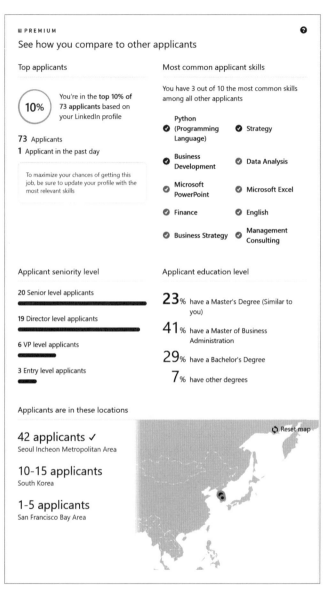

PREMIUM ❓

See how you compare to other applicants

Top applicants

10%

You're in the **top 10% of 73 applicants** based on your LinkedIn profile

73 Applicants
1 Applicant in the past day

To maximize your chances of getting this job, be sure to update your profile with the most relevant skills

Most common applicant skills

You have 3 out of 10 the most common skills among all other applicants

- ✅ Python (Programming Language)
- ✅ Strategy
- ✅ Business Development
- ✅ Data Analysis
- ✅ Microsoft PowerPoint
- ✅ Microsoft Excel
- ✅ Finance
- ✅ English
- ✅ Business Strategy
- ✅ Management Consulting

Applicant seniority level

20 Senior level applicants

19 Director level applicants

6 VP level applicants

3 Entry level applicants

Applicant education level

23% have a Master's Degree (Similar to you)

41% have a Master of Business Administration

29% have a Bachelor's Degree

7% have other degrees

Applicants are in these locations

42 applicants ✓
Seoul Incheon Metropolitan Area

10-15 applicants
South Korea

1-5 applicants
San Francisco Bay Area

↻ Reset map

| 링크드인 프리미엄(유료) 서비스 페이지

내 생각의 범위로 기회를 한정하지 말고 언제 어디서 나타날지 모르는 뜻밖의 행운(Serendipity)을 잡을 수 있도록 다양한 취업 플랫폼에 업로드하고 나의 정보를 꾸준히 업데이트하는 수고를 아끼지 말아야 한다. '아끼다가 똥 된다'라는 말처럼, 열심히 작성한 이력서가 나를 새로운 세계로 이끌어 줄 행운의 티켓이 될지 아니면 하드디스크에서 숙성된 쓰레기 파일로 남을지 당신의 행동에 달려 있다.

이직하고 싶다면
'샐러던트'가 되자

공부하는 직장인

샐러던트(Saladent)는 샐러리맨(Salary man)과 스튜던트(Student)의 합성어로, 직장을 다니면서 새로운 분야를 공부하거나 현재 자신이 일하는 분야에 대한 전문성을 높이기 위해 계속 공부하는 사람들을 일컫는다. 주변을 살펴보면 외국어, 특히 영어 회화를 공부하는 비율이 가장 높고, 최근 몇 년은 경제적 자유를 달성하기 위해 부동산 및 주식을 공부하는 사람들이 늘어나는 추세이며, 새로운 관심사에 대한 흥미나 취미를 위해 공부를 하는 사람들도 많다.

내가 직장인임에도 공부를 지속하는 이유는 '소모되는 부분을 채우며 미래를 대비하기 위함'이다. 사회 초년생이든 경력직이든 새로 회사에 입사하면 업무를 파악하는 배움의 과정이 시작되고, 개인의 역량에 따라 학습곡선(Learning Curve)에 차이가 있기는 하지만 일정 기간이 지나면 업무가 숙달되고 유사한 작업이 반복된다. 특정 업무에 숙련된 직원이 된다는 것은 직원과 회사 관점에서 중요하고 긍정적이지만, 다른 한편으로는 별다른 고민 없이 숙련된 업무를 무한 반복하는 것은 눈 감고도 달릴 수 있는 익숙한 길을 운전하며 주어진 휘발유만 소모하는 것과 다름이 없다고 생각한다.

직장 생활이라는 긴 여정을 무사히 마치려면 낯선 길을 만나도 대처할 수 있는 만반의 준비를 하고, 목적지에 닿기 전에 휘발유가 떨어지지 않도록 계속 체크하고 채워주는 것을 게을리해서는 안 된다고 생각한다. 공부해야 하는 다양한 이유 중에서 개인적으로 또는 주변 사람들을 통해 좋은 이직 또는 승진 결과로 효과가 입증된 방법을 소개하니, 원하는 방향성을 잘 잡고 실행 계획을 세우는 데 참고하길 바란다.

뜨거운 감자, 직장인 대학원생

나는 직장 생활 5년 차에 회사를 그만두고 대학원에 진학해 컴퓨터 사이언스 석사과정을 밟았다. 석사를 마친 후에는 다시 10여 년간 직장 생활을 하다가 직장인 대학원생으로 기술경영 전문

대학원 박사과정을 시작해서 지금은 수료 후 박사 논문을 준비하고 있다. 그러다 보니 직장 생활을 하는 데 대학원이 얼마만큼 도움이 되는지, 한 학기 수업료로 대략 천만 원을 낼 만큼 가치가 있다고 생각하는지에 관한 질문과 상의 요청을 많이 받는다. 이에 대한 대답은 당연히 'YES'인데, 나는 '도둑질과 노름 빼고는 무엇이든 배워 두면 언젠가는 쓸모가 있다'라는 사상을 갖고 있기도 하고 실제로 이직할 때 큰 도움이 되었기 때문이다.

몇 년 전부터 이직 시장에서 '괜찮다 싶은 포지션'의 직무기술서 요구사항을 보면 석사 이상의 학위를 요구하는 경우가 많아서, 예전에는 석사학위가 나와 다른 지원자를 구분 짓는 경쟁력이었다면 지금은 경쟁자보다 뒤처지지 않기 위해 갖추어야 할 기본 스펙이 되어가는 추세다.

이를테면 경영학 석사학위인 MBA는 외국계 이직 시장에서 점점 더 우선적으로 요구되는 조건이 된 지 오래다. 나 역시 오라클로 이직할 때 상무로 제안받을 수 있었던 데에는 석사학위가 큰 역할을 했다고 생각한다. 아니, 더 근본적으로는 상무 제안 이전에 서류를 통과하고 면접 기회를 잡을 수 있었던 것이 석사학위 덕분이 아닌가 짐작한다(내가 이직한 오라클의 경우 팀장님은 박사학위 소지자였고, 팀원들은 모두 아이비리그 MBA 출신으로 구성된 독특한 조직이었다).

한편으로는 경영전문대학원, 기술경영 전문대학원과 같이 회사와 병행할 수 있는 국내 전문대학원에 대한 무용론이 상당히 많은데 이것은 반은 맞고 반은 틀린 주장이라고 생각한다. 대학원은 한 학기에 주로 3~4개 강의를 듣는데, 이는 한 학기에 천만 원이라는 등록금을 생각한다면 투자 대비 효과(ROI)가 작다고 말할 수도 있을 것이다. 하지만 나와 다른 산업에서 다양한 경험을 쌓은 사람들과 교류할 수 있는 기회의 장으로서는 ROI가 상당히 크다. 앞에서 설명했듯 '느슨한 연결 고리의 힘'을 구축할 수 있는 곳이고, 실제로 내 경우 박사과정에서 만난 동생들에게 상담해 주며 이직에 도움을 주고 있다.

이력서 학력란에 학부 외 한 줄을 더 적을 수 있다는 것, 대학원 과정을 통해 새로운 학문을 접할 수 있다는 것 그리고 다양한 경험을 가진 사람들과 교류할 수 있는 기회를 얻는 것. 이 세 가지만으로도 대학원 진학은 투자할 가치가 충분하다고 생각한다.

대규모 공개 온라인 강좌를 활용하자

무크(MOOC, Massive Open Online Course)는 수강 인원의 제한 없이(Massive) 누구나(Open) 온라인(Online) 환경에서 학습할 수 있는 공개강좌(Course)를 말한다. 대표적인 플랫폼으로는 코세라(Coursera), 에드엑스(Edx), 유데미(Udemy), 유다시티(Udacity) 등이 있다. 나는 업의 특성상 주로 IT 기술과 비즈니스 관련 수업을

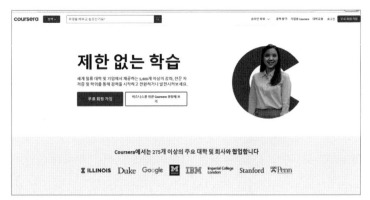

코세라 홈페이지 메인페이지
출처: www.coursera.org

수강했는데 강의 품질과 수준이 상당히 좋아서, 특정 분야의 학
문적(또는 기술적) 지식을 쌓고자 하는 분들에게 추천한다.

코세라는 주요 대학 및 글로벌 기업과 연계해 다양한 수업 및
교육 과정을 제공한다. 수업은 무료/유료 옵션이 있는데, 유료로
수강하면 해당 과정 완료(시험 및 과제 제출) 후에 인증서(Certificate)가
발급되고 본인의 링크드인에 게시할 수 있는 링크가 제공된다.

나 자신을 홍보할 수 있는 다양한 플랫폼에 대해 언급했는데
헤드헌터나 채용 담당자 관점에서는 게시된 정보를 신뢰할 수
있는 수단이 많지 않다. 업무 향상 및 자기 계발을 위해 특정 수
업을 수상 완료했다는 정보와 신뢰할 수 있는 인증서를 제공한
다는 점이 강점이고, 동시에 해당 커뮤니티에 기여하면서 개인
의 박약한 의지를 강제한다는 차원에서도 유료로 수강하는 것을

권장한다.

나는 링크드인뿐 아니라 이력서에도 수강 완료한 수업을 업데이트해두고, 그 내용을 근거로 역량 개발 및 자기 계발을 위해 지속적인 노력을 하고 있다는 점을 어필한다. 하지만 '과유불급'이라는 말이 있듯이 지나치게 많은 과정을 외부에 노출하는 것은 자제하고(자칫 '이 사람은 일은 안 하고 공부만 하나?' 하는 오해가 생길 수 있다) 내가 강조하고 싶은 역량 및 향후 목표로 하는 회사 / 직무에 맞는 과정만 선택해 업데이트하는 것이 바람직하다.

이직의 기본, 자격증 취득

현재 직무 또는 이직하고자 하는 회사에서 선호하는 자격증을 취득하는 것은 이직의 기본이다. 직무에 대한 지식을 쌓으면서 동시에 면접에서 나올 수 있는 질문들에 대한 대비가 이루어진다. 또한 내가 목표로 하는 회사에서 주관하는 자격증을 취득한다면 그 회사에 대한 나의 관심과 열정을 객관적으로 증명하는 방법이 되기도 한다.

주의할 점은 운전면허증을 자격증 기재란에 기재하지 않듯이, 입문 수준의 자격증을 가지고 이력서에 도배하는 것은 득보다 실이 훨씬 크다는 것이다. 내가 목표로 하는 회사와 직무에서 중급 수준으로 인정되는 공신력 있는 자격증을 선택적으로 취득하고(시간과 비용을 아끼자), 최대 5개 이내로 이력서에 기재하는 것이 전략적인 자세다.

일단 공부부터 하자

각자가 맡은 직무와 처한 상황에 따라 내가 추천하는 공부 방식이 맞지 않을 수도 있다. 위에 언급한 내용은 나의 성공 방정식이기에 모두에게 똑같이 적용될 수는 없지만, 이직을 위해 능력과 스킬을 업그레이드하고 싶어도 어디서부터 어떻게 시작해야 할지 모르는 사람들이 길을 찾을 수 있는 지도 역할은 할 수 있을 것이다.

아내와 내가 제일 좋아하는 스포츠 선수는 김연아 선수다. 실력은 물론이고 압박을 이겨내는 정신력까지 갖춘 대단한 인물이다. 경기장에서의 연기도 멋있었지만, 나에게 가장 인상 깊게 남은 장면은 〈퀸연아! 나는 대한민국이다〉라는 MBC 다큐멘터리에서 PD와 짧게 나누는 대화였다. 김연아 선수가 스트레칭을 시작하자 PD가 "무슨 생각 하면서 (스트레칭을) 하세요?"라는 질문을 하는데, 그 대답에서 엄청난 내공이 느껴진다. "무슨 생각을 해, 그냥 하는 거지."

이 장에서 내가 제시한 방법 중 그 무엇이라도 하나를 선택해 일단 시작하는 여러분이 되었으면 한다. '이게 맞을까? 효과는 있을까?' 생각하지 말고, 제일 쉬운 것을 택해서 '한번 해보는 거지 뭐!'라는 가벼운 마음가짐으로 실행에 옮기는 것이 본인이 원하는 회사에 다가가는 중요한 첫걸음이 될 것이다.

이직의 동반자가 될
헤드헌터를 찾아라

헤드헌터가 이직할 때 도움이 될까

나는 다양한 플랫폼을 활용해 나를 노출시킬 때, 내가 올린 글을 볼 대상을 자신이 목표로 하는 회사의 채용 담당자 또는 헤드헌터로 상정해야 한다고 이야기했다. 외국계에 다니고 있는 지인이 있거나 외국계 기업 경력을 갖고 있다면 인맥을 활용할 수 있겠지만, 이제 갓 외국계 이직에 첫발을 딛는다면 헤드헌터가 외국계로 통하는 유일한 경로일 수도 있다.

세상의 모든 것이 잘 쓰면 약이 되고 잘못 쓰면 독이 되듯이, 헤드헌터도 본인이 어떻게 활용하는가에 따라 이직 여정의 파트너가 되거나 소위 얘기하는 먹튀의 나쁜 기억으로 남을 수도 있다. 나 역시도 이직과 관련해 꾸준히 연락을 주고받으면서 자문

하는 사람들도 있지만, 반면에 내 이력서만 공유 받고 숨는 이상한 사람을 만난 경험도 있다.

만약 누군가 "이직할 때 헤드헌터가 도움이 되셨어요?"라고 나에게 묻는다면 '그렇다', '아니다'라고 단정 지어 말하기 어렵지만 "이직할 때 헤드헌터가 필요한가요?"라는 질문에는 '그렇다'라고 답할 것이다. 결국 필요한 것은 나에게 도움이 되는 이직 산업의 전문가인데, 모든 헤드헌터가 전문가는 아니라는 사실을 알아야 한다.

인맥에 헤드헌터를 추가하라

주변에 특히 경력이 짧은 동생들이나 후배들이 "선배, 저 헤드헌터한테 ○○회사 추천받았어요!"라고 들뜬 목소리로 조언을 구하는 경우가 있는데, 친한 관계인 경우 내가 솔직하게 타일러주는 답이 있다. "네가 유일무이한 인재라서 연락이 왔다는 생각은 하지 말고, 그 헤드헌터가 연락한 수십 명 중 하나일 뿐이니까 이제 시작이라고 생각해"가 그 답변이다.

나는 지금껏 헤드헌터를 통한 이직을 딱 1번 했는데, 그 당시 그분과는 1년 정도 경력 관리에 대해 상담하면서 신뢰가 쌓인 관계였기에 제안받은 회사를 믿고 지원했었다. 근 10년이 지난 지금까지도 종종 연락을 주고받으면서 회사들의 채용이나 이직

동향에 대한 정보를 주고받고 있는데, 당장 옮길 계획이 없더라도 지금 뜨고 있는 회사나 분야에 관한 이야기를 들으면 앞으로의 계획을 세우는 데 큰 도움이 된다.

이런 사례들은 좋은 경우이고 대부분은 단 건으로 연락을 주고받다가 그 건이 어떤 결과로든 마무리되면 그 헤드헌터와 더는 연락하지 않게 되는 일회성으로 그치는 것이 대부분이다. 그럼에도 '도움이 되는 것은 잘 모르겠지만 분명히 필요하다'라고 생각하는 이유는 내가 미처 몰랐거나 또는 놓칠 뻔했던 채용 정보를 제공해 주기 때문이다. 또한 수많은 헤드헌터와 이야기를 나누다 보면 내가 도움을 받을 수 있는지 아닌지 판단할 수 있는 선구안을 갖게 되고, 더 나아가 사명감 있는 헤드헌터를 찾았다면 이직 여정의 동반자로서 서로 윈-윈할 수 있는 좋은 관계를 이어가는 것이 현명하다.

'언젠가' 산타클로스가 될 수 있는 헤드헌터 구별법

나는 헤드헌터에게 이메일이나 문자로 연락받으면 정중하고 빠르게 답신해서 좋은 인상을 남기도록 노력한다. 언제든 좋은 선물을 줄 수 있는 산타클로스와 같다고 생각하기 때문이다. 그리고 연락처를 저장해, 나중에 다시 연락받았을 때 언제 어떤 포지션으로 제안을 해주었던 사람인지 기억하려고 노력한다. 하지만 나도 답신하지 않거나 연락처를 차단하는 유형의 헤드헌터가 있다. 순전히 나의 경험에 기반했기 때문에 일반화할 수는 없지만, 어느 정도는 믿고 거를 수 있는 유형이니 참고하길 바란다.

- '안녕하세요, ○○○님'이라는 최소한의 인사 예절도 없이, 불특정 다수에게 보낸 것이라는 게 너무 티 나게 일하는 헤드헌터. 이력서 먹튀의 전형적인 유형이다.
- 제안하는 회사와 직무에 대해 제대로 설명하지 못하는 헤드헌터. 나에게 왜 연락한 것인지 물어보면 그 또한 명확한 이유를 말하지 못한다.
- 본인 자랑이 너무 많은 헤드헌터. 자신감은 좋지만, 무엇이든 지나치면 모자란 것보다 못한 법이고 오히려 프로세스를 진행하면서 일 처리가 매끄럽지 못했던 경험이 있다.

추가로 이력서를 전달한 후 진행 상황에 대해 제대로 업데이트가 없거나 불성실한 태도를 보이는 헤드헌터도 드물지 않게 볼 수 있는 유형이다. 이런 경우에 전화번호에 나만이 알아볼 수 있는 간단한 메모나 표식을 남겨두어서 다시 연락이 왔을 때 어떤 방식으로 일한 사람이었는지를 소환할 수 있도록 하는데, 해당 헤드헌터를 통해 지원은 하지 않더라도 이직 시장의 동향과 채용 정보를 파악하기 위한 채널로 관계는 유지하는 편이다.

헤드헌터와 나의 역할을 정확히 설정한다

이직 초보들이 실수하는 부분이 헤드헌터에게 본인을 어필하는 것을 넘어 인사 담당자를 대하듯 행동하는 것이다. 나와 헤드헌터는 갑-을 관계가 아니라 서로 중요한 정보를 주고받는 윈-윈관계라는 것을 알아야 한다. 헤드헌터는 특정 조건을 만족하는 후보자에게 채용 정보를 제공하고 후보자는 경력의 집약체인 소중한 이력서를 공유한다. 합격하면 후보자는 연봉을 올리게 되고, 헤드헌터는 구인을 의뢰받은 회사로부터 수수료를 받는다.

헤드헌터에게 이력서를 전달하고 서류가 통과되면, 외국계의 경우 대부분 지원한 회사의 채용 담당자와 직접 인터뷰 일정을 조율하게 된다. 성실한 헤드헌터는 예상되는 질문들, 면접자의 성향 그리고 회사에 대한 정보들을 제공해서 인터뷰를 좀 더 정교하게 준비할 수 있도록 적극적인 도움을 주는데 만약 그렇지 않은 헤드헌터를 만났다면 위와 같은 정보를 파악해달라고 요구해야 한다.

마지막으로 최종 합격 후 연봉 협상을 할 때 헤드헌터가 지원자와 회사 사이에서 조율하게 되는데 이때 열에 아홉은 회사의 편에 더 가깝게 서게 된다. 지원자는 이번 한 건이 마무리되면 볼 일이 없을 수 있지만, 회사와는 관계를 지속하면서 채용을 의뢰받아야 하기 때문이다. 입사 조건에 대해서 헤드헌터가 이야기하는 정보를 참고하는 것은 맞지만, 궁극적으로 '나의 성공'보다는 '수수료'를 더 중요하게 생각한다는 사실을 잊지 말고(자본주의 사회에서 누구든 그렇지 않은가?) 본인의 주관대로 이직의 목적에 맞게 판단할 것을 추천한다.

불가근불가원

코로나19로 인해 사회적 거리두기(Social Distancing)가 일상화되었다. 나와 상대방의 건강과 안전을 지키기 위해 적절한 거리가 필요한 것인데, 헤드헌터와 구직자도 건전한 관계를 유지하기 위해서는 어느 정도 거리를 두고 긴장감을 유지할 것을 권한다.

헤드헌터에게 제공하는 이력서에는 본인의 개인사만 없을 뿐 굉장히 세세하고 많은 정보가 담겨 있다. 그렇기 때문에 무작정 이력서를 공유하면 안 되고, 신뢰할 수 있는 헤드헌터인지 검증하는 단계가 반드시 필요하다. 이력서를 전달한 후에도 불필요한 대화로 본인의 약점이나 감정을 드러내는 것은 반드시 지양해야 하며, 지원한 회사에 대한 정보를 얻고 합격 확률을 높일 수 있는 가이드이자 파트너로서 헤드헌터의 역할을 설정하기를 바란다.

3장

성공의 길로 가는 '7단계 이직 로드'

1단계: 영문 이력서 기본 뼈대 잡기

영문 이력서 작성법, 정보는 많으나 정답이 없다

'영문 이력서'로 구글링하면 '영문 이력서 작성법', '영문 이력서 양식', 'Resume, CV' 등 엄청난 검색 결과가 쏟아진다. 관련 정보가 너무 많아서 '굳이 나까지 다뤄야 할까?' 하는 고민을 했는데, 직접 상당수의 블로그와 웹사이트를 들어가 본 결과 정보의 양에 비해 질이 부족했다.

가뜩이나 의지도 약한데 정보의 양에 주눅 들어 시작조차 못 하는 어딘가에 있을 누군가를 위해 영문 이력서 작성법 '기본' 원리에 대해 쉽고 간단하게 풀어보려 한다. 굳이 '기본'이라는 단어를 붙인 이유는 내가 10여 년 전 작성한 영문 이력서와 현재 버전의 기본적인 골격이 큰 변화 없이 유지되고 있기 때문이다. 다만, 시간이 지나고 이직을 거듭하며 정교하게 가다듬어지는 과정이 있었는데 이것은 개인별 회사별로 상이해 일반화된 해법을 제시하기가 어렵다.

일단 기본 원리에 따라 영문 이력서 초안을 완성하는 것, 아니 최소한 영문 이력서 양식에 맞춰 한글로 작성할지라도 나의 경력을 특정 프레임에 맞춰 생각을 정리하고 완성하는 것은 이직을 실행에 옮기는데 중요한 시작점이다.

영문 이력서만 있으면 되는 줄 알았는데……

최근 외국계 회사 지원은 각 회사의 채용 웹사이트를 통해 이뤄진다. 웹사이트에서 요구하는 정보를 착실히 정확하게 기재하면 되는데, 중간 또는 끝에 'Resume', 'CV' 관련 첨부 항목이 있다.

영문 이력서를 의미하는 레주메(Resume)는 프랑스어에 기원을 두며, 흔히 CV라고 부르는 커리큘럼 바이티(Curriculum Vitae)보다는 짧고 간략한 서류를 가리킨다. CV는 자기소개서라 부르는 커버 레터(Cover Letter)를 의미하며 회사에 따라 레주메와 CV를 필수로 제출해야 하는 곳도 있고 지원자의 선택에 맡기는 곳도 있다.

나는 주로 영문 이력서를 먼저 완성하고 해당 정보를 기반으로 웹사이트 지원서 양식을 채워 넣기 때문에 레주메를 항상 첨부한다. 이미 완성된 레주메가 있으니 추가적인 노력이 필요 없기 때문이다. 게다가 레주메는 자신의 문서작성 능력을 보여주는 기회가 되기도 하므로 첨부하는 게 더 좋다. 신입의 경우 CV 제출을 강력히 추천하고, 대부분 경력직의 경우 CV는 필수사항이 아닌 이상 제출하지 않는 편이다.

영문 이력서는 정해진 양식이 없어 개인별로 각기 다른 틀을 갖고 있기는 하다. 다음 페이지에 가장 기본적인 간결한 형식의 영문 이력서 샘플을 수록했으니 참고하길 바란다.

영문 이력서 작성 시 실수하기 쉬운 부분

영문 이력서와 국문 이력서의 가장 큰 차이점이라면, 최근 정보의 배치 순서일 것이다. 국문 이력서는 대개 출생부터 현재까지의 과정을 시간순으로 적는다면, 영문 이력서는 정반대로 기술해야 한다. 따라서 영문 이력서 샘플에 있는 모든 항목은 최근 정보가 제일 상단에 위치하도록 하고, 시간의 역순으로 정보를 기재한다.

예를 들어 박사학위가 있는 사람은 박사─석사─학사 순으로 학력을 기재해야 한다. 자격증이나 교육 이력도 이 원칙에 따라 기재하지만, 꼭 강조하고 싶은 부분이 있다면 알아보기 쉽게 최상단에 배치하는 것도 좋은 선택이다. 가장 최근에 재직한 회사와 직무 그리고 최종 학력이 인사 담당자와 면접관이 일단 눈여

YOUR NAME

[Address]
[Telephone] | [Email]

PROFESSIONAL ACHIEVEMENTS

[Field or Area of Accomplishment]
[Achievement]

WORK EXPERIENCE

JOB TITLE, COMPANY NAME   [Date from ~ to]

Describe your responsibilities and achievements in terms of impact and result. Don't list everything - keep it relevant and include information that shows the impact that you made.

EDUCATION

DEGREE TITLE, SCHOOL NAME   [Month Year]

You might want to include your marks and a brief summary of awards and honours.

LICENSES & CERTIFICATIONS

List your certificates relevant for the role   [Month Year]

SKILLS

List your strengths relevant for the role

INTERESTS & HOBBIES

List your interests, hobbies or activities

겨볼 부분이기 때문에 기초적이지만 중요한 부분이다.

이 부분은 영문 이력서와 국문 이력서의 가장 큰 차이점이자 가장 중요하게 염두에 두어야 할 특징임에도 나에게 이력서 검토를 부탁하는 사람 중 상당수가 이 규칙을 따르지 않는다. 국문 이력서 양식에 익숙하기 때문일 수도 있지만, 주의를 기울이는 데 집중하지 않은 탓이 크다. 사소하지만 이런 실수는 치명적일 수 있으므로 반드시 챙겨야 하는 기초 중의 기초다.

영문 이력서 작성 시 강조해야 할 부분

영문 이력서에서 요구되는 'Professional Achievements(직무에서 성취한 업적)'는 3~5줄 정도로 기술하는데, 그 내용만 보아도 '어떠한 지식과 경험을 보유하고 있고', '지원한 회사와 팀에 어떻게 이바지할 수 있을지'가 명확히 드러나야 한다. 다시 말하면 하나의 이력서를 여러 회사 각기 다른 포지션에 사용하기가 어렵다는 뜻이다. 즉, 내가 가진 직무 역량을 다양한 각도로 조율(Tuning)하고 각색하는 기술이 필요하다.

예를 들어 내가 마이크로소프트의 솔루션 영업팀과 구글의 사업 개발팀에 동시에 지원했다면, 마이크로소프트에 제출한 이력서에는 영업 목표 달성과 관련된 부분이 강조되어 있어야 하고, 구글에 제출한 이력서는 새로운 사업을 성공적으로 개발하고 이끌었던 경험이 녹아 있어야 한다. 세부적인 부분은 '직무 경험(Work Experience)'에 기술해야 하지만, Professional Achievements는 채용 담당자나 면접관이 이력서를 열자마자 보이는 부분이기 때문에 나라는 사람에게 흥미를 갖도록 신중하게 작성하길 바란다. 이와 관련된 내용은 뒷부분에서 상세하게 다룰 예정이다.

완벽한 영작에 집착하지 말고, IT 솔루션을 활용하자

내가 외국계 이력서를 준비했던 2007년에 비해 지금은 IT 기술이 비교도 할 수 없을 만큼 발전했다. 회사 2년 차에 영어 공부를 좀 더 제대로 해볼까 싶어서 영어 전자사전을 샀을 정도이니, 영어 이력서 완성본을 하나 만들기 위해 얼마나 많은 공을 들였는지 지금은 상상하기도 어려운 수준이었다.

무엇이든 완벽에 가까워질수록 더 좋은 결과를 가져온다. 하지만 '완벽함'에 주눅 들어 시도조차 하지 않는 실수를 범하지 않았으면 한다. 외국계 기업 근무 초기에 외국 동료들과 미팅할 때 완벽한 영어로 말하기 위해 머리에 문장만 만들다가 미팅이 끝나도록 한마디도 하지 못한 경험이 많았는데 지금 되돌아 생각해 보면 그 막연한 '완벽함'에 왜 그리 집착했나 싶다.

한국 태생인 이상 완벽한 영작은 쉽지 않고, 내가 들인 시간과 노력에 비해 영작 품질이 좋지 않은 경우가 대부분일 것이다. 이럴 때 활용해야 하는 것이 IT 솔루션이다. 일단 외국계 이력서 형식에 맞추어 국문으로 초안을 만들고, 구글 번역기와 네이버 파파고를 활용해 영문으로 전환하는 방식을 추천한다. 같은 결과를 보여주는 예도 있지만, 결과가 다른 경우 본인이 판단했을 때 좀 더 마음에 드는 문장을 선택하면 된다. 번역된 영문이 정확한지 확인하고 싶을 땐 번역한 영문을 다시 번역기를 활용해 한글로 전환해 교차 검증하는 방식도 있고, 대화형 AI 서비스인 ChatGPT를 활용해서 원어민(Native)이 사용하는 자연스러운 표현으로 전환하는 것도 추천한다.

시작이 반, 이미 50점은 확보했다

그 당시 나의 경우 지인 중에 우리나라 상위 0.1% 수준의 영어 실력자가 있어서 도움을 받을 수 있는 환경이었지만, 그럼에도 2007년도와 현재 상황을 비교하면 나보다 훨씬 더 좋은 환경이라고 말할 수 있다. 오히려 검색만 하면 엄청난 양의 정보가 쏟아지기 때문에 정보가 어디 있는지 찾는 것보다(라떼는 그랬다) 좋은 정보를 걸러내는 것이 더 어려울 정도다. 번역 엔진의 품질은 실력 없는 번역 업체 번역가의 수준을 뛰어넘은 지 오래고, ChatGPT를 활용하면 원어민에 가까운 수준까지 표현력을 끌어올릴 수 있다.

이 과정이 영문 이력서 작성의 끝이 아니라 시작이지만 조금은 부족하더라도 완성된 영문 이력서를 손에 쥐면 성취감과 함께 자신감도 올라온다. 시작이 반이라 했으니 50점을 기본으로 깔고, 완성도를 높이기 위한 작업을 차근차근 함께해 보자.

2단계: 영문 이력서 살 붙이기

어느 기업에 지원하더라도 목적은 결국 하나

한글이든 영어든 또는 번역기의 힘을 빌렸다 하더라도 나의 가이드에 따라 초안을 작성했다면 뿌듯한 마음이 생길 것이다. 시작이 반이라고 했으니 절반의 성공은 거둔 것을 축하하며, 나머지 절반을 채워 영문 이력서를 완성하는 방법을 제시하고자 한다.

이번 글은 국내 기업, 외국계 기업 할 것 없이 이력서 작성에 필요한 전술 이야기임으로 어느 기업에 지원하더라도 활용하면 효과를 볼 수 있을 것으로 기대한다. 작성하는 언어의 차이만 있을 뿐 이력서의 목적과 이력서를 통해 전달하고자 하는 바는 하나이기 때문이다.

바로 "저는 귀사에 기여할 수 있는 사람입니다"이다.

채용 담당자가 듣고 싶어 하는 정보를 고민하라

인생은 크고 작은 문제해결의 과정이다. 크게는 여러 가지 시험이 있고, 작게는 점심 식사 메뉴를 고르는 것까지 해답을 찾아 나간다. 전날 과음한 상사나 동기가 "점심 때 뭐 먹을까?" 물어보면 콩나물 해장국이나 굴국밥을 먹자고 대답하는 이유는 상대방에게 그 음식이 도움이 될 것으로 생각하기 때문이다. 다시 말해 그 음식을 먹고 싶어 할 것 같으니까 미리 선수를 쳐주는 것이다.

시험을 볼 때 출제자의 의도를 파악하는 것이 정답을 찾는 데 중요하듯, 이력서를 작성할 때도 채용 담당자의 목적을 명확히 알아야 면접의 기회를 얻을 수 있다. 하지만 나에게 검토를 요청하는 이력서 중에 'A 프로젝트 수행', 'B 고객사 영업 담당', 'C 업무 담당자'와 같은 단편적 사실로만 채워진 수가 상당하다. 그러므로 여기서 한 단계만 더 들어가면 완성도 있고 경쟁력을 갖춘 이력서가 만들어질 수 있는 것이다.

나는 엔지니어를 채용하는 곳에는 어떠한 IT 솔루션 또는 기술에 대한 전문성이 있는지 그리고 해당 솔루션/기술을 이용한 프로젝트에서 어떠한 역할을 담당했는지와 더불어 진행한 프로젝트의 규모와 기간에 대한 정보를 상세히 기술했다. 영업과 사업 개발 포지션에 지원할 때는 그동안 담당한 고객사와 산업군은 어디인지, 내세울 만한 영업 성과(매출 규모)와 달성을 위한 과정과 전략을 짧고 굵게 담으려 노력했다.

어떤 이들은 내게 '당신은 이직 경험이 많으니 채용 담당자가 원하는 바를 파악하기 쉽겠지만, 이제 막 외국계 기업의 문을 두드리는 사람은 시행착오를 겪다가 지쳐 포기하지 않을까요?'라는 묻고 싶을 것이다. 그러나 정답은 'No! 전혀 아니다.' 나 역시 목표로 하는 기업에서 어떤 사람을 찾는지에 대한 정답을 찾기 위해 매번 엄청난 시간을 투자하고 있다. 다만 찾아가는 방법에 대한 경험이 있기에 초심자보다는 나을 뿐이다. 이제부터 내가 쌓은 노하우 중 일부를 공유하고자 한다.

모든 정보와 해법은 한 곳에 있다

까마득한 과거라 당시의 공부 기억은 가물거리지만, 수능시험 중 언어영역(국어영역)을 공부할 때 선생님이 해주신 말씀만큼은 지금까지 또렷이 기억에 남아 있다. 당시 선생님은 말했다. 모든 문제의 힌트와 정답은 지문에 있다고.

채용 과정을 시험에 비유한다면 주어진 문제는 '본인에 대해 매력적으로 소개하시오'가 될 것이고, 대부분 본인 머릿속에 있는 사실을 적어 제출하는 과정에 몰두한다. 출제자(채용 담당자)가 친절하게 제시한 지문은 대충 읽어보거나 때로는 그마저도 생략하는 실수를 범하면서 말이다.

한 번이라도 채용을 직접 진행해본 사람은 직무기술서를 작성하기 위해 상당한 노력이 필요하다는 것을 이해할 것이다. 우리가 뽑고 싶은 사람의 기준, 갖춰야 할 지식과 기술, 좀 더 세부적으로는 경험과 경력까지 포함해서 많이 고민하며 이상형을 만들어내고 그것을 문서화한다.

다시 지원자로 관점을 전환하면, 직무기술서는 내 이력서에 꼭! 담아야 할 정보가 무엇인지에 대한 힌트와 정답이 담긴 참고서다. 'Key Responsibilities, Qualification Skills, Who You Are, What You Need, What Makes You Eligible' 등 회사마다 다양한 용어를 사용하고 있지만 결국 '우리가 생각하는 적임자는 이러한 조건을 갖추어야 하고', '입사 후에는 이러한 역할을 담당하게 될 것입니다' 이 두 가지가 상세하게 설명된 것이 직무기술서다.

그러므로 목표하는 회사의 직무기술서를 꼼꼼히 읽고 충분히 이해한 뒤에 기술된 내용을 기반으로 '저는 귀사가 중요하게 생각하는 조건을 이러이러한 요건으로 만족시키며', '귀사에서 수행할 업무에 대해 이전 회사들에서 성공적으로 (수치를 근거로) 수행한 경험을 가진 최고 적임자입니다'가 표현되어야 한다.

즉, 채용 담당자가 확인하고자 하는 포인트를 찾아서 나의 장점(객관적인 사실에 근거한)을 강렬하게 전달하는 수단, 그것이 이력서다. 다음에 나오는 첫 번째 이미지를 보면 외국계 C사의 직무기술서 기재 항목에는 'Key Responsibilities'와 'Qualification

Skills'을 쓰게 되어 있다. 두 번째 이미지의 T사는 'Who You Are', 'Key Responsibilities' 항목으로 표현되어 있으나, 기재하는 내용은 C사와 같다.

| 외국계 기업 C사의 직무기술서 샘플 |

* Key Responsibilities
• Collaborate with the Senior Director and other IT leaders to develop overall IT strategy in the context of the business strategy
• Ensure that all application processes are conducted in line with corporate social responsibility, environmental and technical policies and applicable standards and legislation
• Manage application team, developing their skills and capabilities to meet the needs of the organization, as well as building on existing recruiting capabilities
• Develop, implement and manage application life cycle management status reporting, metrics and benchmarks
• Manage relationships with major vendors and service providers to ensure they cost-effectively meet the needs of the organization
• Conduct regular surveys of stakeholder satisfaction with applications, publish the results and implement action plans to improve satisfaction
• Manage the delivery lifecycle from technical design through integration testing, collaborating with stakeholders on functional design and user testing
• Assess the technical and business fitness of the application portfolio and their associated costs and risks
• Facilitate the application governance process to prioritize a set of measurable business outcomes that applications must support. Work with the IT governance org to define a prioritized set of business outcomes and application work to accomplish those outcomes within the limitations of the application budget
• Drive the application work in a way that improves the business and technical fitness of the application portfolio and minimizes its ongoing support costs
• Oversee the application organization's successful delivery of these business outcomes, as well as support activities in conjunction with infrastructure and operations to ensure the applications perform well in production
• Partner with the Information Security team to ensure applications are effectively secured and that risks are mitigated

* Qualifications Skills
• Leadership experience in deploying & configuring large scale Workday, O365, ServiceNow and other applications
• Experience in software design/development, mobile applications, application architecture, project management, software as a service (SaaS), software integration, automated software testing, data management/governance, business intelligence, security and/or business process analysis
• Ability to lead a team of 15+ members in application development, implementation, or management
• Experience managing an organization primarily using multiple development methodologies with a focus on agile development and deployment
• Demonstrated leadership experience building cross-organizational consensus with exposure to technology providers and/or business clients
• Ability to prioritize competing responsibilities in a matrixed environment
• Proven problem solving and negotiation skills in multi-party situations
• Exceptional communication skills, executive presentation skills, relationship building skills and the ability to influence at all levels of the organization
Professional Experience / Qualifications
• Bachelor's or Master's degree in computer science, information systems, business administration or related field required
  • • 15+ years of demonstrated experience managing a high-performing, cohesive team, and leading systems implementation and development

| 출처: 링크드인

WHO YOU ARE:

The successful candidate has the breadth and depth of experience in solution and value-based selling, having deep relationships with C-level executives and track record of selling data transformation and wall-to-wall solutions at the C-level.

You have demonstrated success in building and managing a high performance Solutions Engineering organisation with a will to win, and continuous improvement, and the ability to evaluate, develop and reshape an existing team as necessary while mentoring and inspiring the team.

Additionally, you have a track record of success in the following areas:

- Exceptional Leadership. An experienced leader who has developed and led managers and individual contributors in the software industry, preferably from a presales/Solutions Engineering perspective or related customer facing functions. Demonstrated success in mentoring and inspiring a Solutions Engineering team to focus on innovation, employee & customer success to drive growth.
- Stakeholder Management. Proven collaborator and relationship builder up to C-level across multi-functions. Ability to effectively manage internal and external stakeholders to drive results.
- Technically Astute. Strong background in Solutions Engineering in the enterprise software industry, with a passion for technology, preferably in the data and analytics space – Business Intelligence, ETL, Analytics, AI/ML, CRM, Big Data, Data Science and Enterprise Architecture.
- Strong Communicator. Excellent verbal, written communication, and presentation skills.
- Adaptable and Transformational. Used to working in high growth, matrix organisation where you have influenced, led and driven change, taking the business to the next level through disruptive thinking and innovation.
- Data Driven. A highly passionate data advocate with strategic and analytical skills in using data to measure and drive effectiveness and performance.

KEY RESPONSIBILITIES:

- Hire, Develop, Retain. Lead and grow the Solutions Engineering team ensuring we continue to hire and retain top talent in the market, providing career growth opportunities, developing our next-gen leadership and effective succession planning.
- Leadership. Partner with sales leadership to provide strategy and support for business development, accounts development, pipeline generation and deal management. Ensure each SE is enabled, empowered and accountable to deliver high quality work and excellent customer experience.
- Focus on Innovation. Ensure the team is constantly improving our approach to solution and value-based selling. Drive strategic initiatives and programs as needed to actively drive growth and support the teams career development and advancement.
- Executive Engagement. Develop and deliver outstanding Analytics Vision, Point of View and Value Proposition to all levels of an organisation including CXOs and executive management. Build and nurture C-level relationships across key accounts to solidify our partnership and commitment to the customers, while penetrating deeper within accounts.
- Core Values. Embody Tableau values and provide exemplary leadership.

| 출처: 링크드인

영어 단어도 직무기술서를 기반으로 취사 선택한다

목표하는 회사에서 일반적으로 사용하는 용어 / 표현(Terms)이 직무기술서에도 그대로 쓰여 있기 때문에, 회사에 맞게 이력서에 쓸 영어 단어를 조율할 때도 많은 힌트를 얻을 수 있다.

쉽게 국문 표현으로 예를 들면 '근무'와 유사하게 사용되는 단어는 '재직', '종사', '업무' 등 다양하다. 이력서 초안에는 '근무'로 되어 있는 단어가 있는데, 목표로 하는 회사의 직무기술서에는 같은 의미로 '업무'라는 단어가 사용되어 있다면, 그 회사에 맞는 단어로 변경해서 이력서를 조율하는 것이다.

또한 영작이 익숙하지 않기 때문에 이력서 초안에 어색한 표현이 많이 있을 수밖에 없는데, 어디에 마땅히 물어볼 곳도 없고 답답한 마음이 들 때 직무기술서는 좋은 참고서가 되어 준다. 내가 원하는 직군 / 직무를 채용하는 다양한 회사들의 직무기술서를 살펴보다가 내가 어필하고 싶은 영역이 상세하게 기술된 문장 / 문구를 찾아 나의 이력서에 적절히 반영하면 이력서의 전반적인 영작 수준이 올라가게 된다.

일단 만나보고 싶은 사람이 되자

지금까지 영문 이력서 작성에 대한 노하우를 설명했다. 내가 처음 외국계 기업을 준비하면서 막막했던 부분과 헤쳐 나갔던 방법 그리고 최근에도 지속해서 내 이력서를 업데이트하는 방식을 빼놓지 않고 이야기했다. 다시 한번 강조하고 싶은 부분은 딱하나다. 일단 만나보고 싶은 사람이 되자. 그러기 위해서 내 자랑을 지루하게 늘어놓지 말고, 상대방이 듣고 싶은 이야기를 찾아서(직무기술서 활용) 짧고 굵게 이력서에 담자. 상대방이 부산 사람이면 부산 스타일로, 광주 사람이면 광주 스타일로 용어/표현 관점에서 친근감이 들도록!

[걷기] 3단계: 이력서 작성하면서 느낀 점 보완하기

주눅부터 들지 말자

1단계와 2단계를 무난히 완성한 사람은 내공을 갖춘 고수다. 다만 그동안 방법을 몰랐을 뿐. 그러나 이 책을 통해 처음으로 외국계 기업에 도전하고자 준비하는 사람 중 많은 사람이 본인의 경력이 초라하게 느껴지거나 주눅이 들 수 있다. 나 역시 외국계 기업에 도전하기 위해 영문 이력서를 작성할 때 두세 줄을 넘기기가 쉽지 않았다. 신입사원으로 입사해서 2년 반을 그렇게 열심히 일했는데 내세울 것이 없다니 그리고 지원하고자 하는 회사의 직무기술서에서 요구하는 조건과 수준은 왜 그리 까다로운지…….

썬 마이크로시스템즈를 통해 외국계 기업 진출(?)의 첫 번째

고비를 넘긴 후 컨설팅 업계로 이직을 준비하다 보니, 이건 흡사 늑대를 피하니 호랑이를 만난 상황처럼 느껴졌다. 이력서 작성도 쉽지 않았지만, 구글링을 통해 그 업계에서 일하는 사람들의 면면을 살펴보니 내가 왜 그리 작아지던지 그때 느꼈던 위축감을 지금도 기억한다.

그럼에도 목표하는 회사로 이직할 수 있었던 원동력은 주눅들지 않고 마음이 이끄는 대로 밀어붙였던 '에라 모르겠다'라는 생각과 '일단 던져보자'라는 의지 그리고 실행이었다.

자기 검열은 금물

"제가 그 회사에 맞을까요?", "더 준비해야겠죠?" 주변 친구나 후배와 술 한잔하면서 이직 관련한 이야기를 나눌 때 많이 듣는 이야기 중 하나다. 내 대답은 정해져 있다. "일단 던져봐, 너 스스로가 안 될 거라고 정하지 말고."

대학 입학 지원과 같이 넣을 수 있는 횟수가 정해져 있고 지원서 비용까지 있다면 신중하게 고민해야겠지만, 입사 지원은 횟수도 무제한이고 별도 비용도 없는데 지원도 하기 전에 자기 검열이 상당히 심하다. 우리나라 특유의 '완벽히 준비한 뒤에 시도해야 한다'라는 문화 때문인지 아니면 실행에 옮기지 못하는 본인의 게으름을 합리화하려는 것인지는 모르겠지만 둘 다 옳은 태도는 아니라고 본다.

내 여동생은 기특하게도 대학교 재학 중에 공인중개사 시험에 합격했다. 합격 직후에 실무 경험도 쌓을 겸 부동산 정보업체에서 아르바이트했으면 좋겠다고 막연히 생각했는데 때마침 국내 최대 부동산 정보업체에서 채용 공고가 올라왔다. 벌써 20여 년 전 대화지만 기억에 남는 건 "오빠, 대학 졸업 전이고 이제 막 자격증을 땄는데 안 되겠지? 그냥 작은 데부터 시작하는 게 낫겠지?"라는 질문에 "어차피 이제 첫 시작인데 최고 좋은 곳이 체계도 잡혀 있고 배울 게 많겠지. 네가 판단하지 말고 일단 넣어봐"라고 답했던 것 같다. 결과는 합격이었고(물론 이력서 작성부터 면접 준비까지 상당한 준비가 있었다), 그 경력을 기반으로 몇 번의 이직을 했고 지금은 팀장으로 자리 잡아 성실하게 일하고 있다.

내 주변에 이러한 사례가 꽤 있으므로 신신당부하고 싶다. 주눅 들지 말고, 눈앞의 기회를 스스로 걷어차지 말라고.

이력서와 직무기술서 간의 갭을 분석하라

직무기술서의 중요성은 이미 여러 차례 강조했다. 직무기술서란 내가 목표하는 회사, 원하는 직무를 하는 데 필요한 학위/지식/기술/경험이 상세하게 기술되어 있는 '정답지'라는 것을!

앞에서 이야기한 바와 같이 일단 영문 이력서를 하나 완성했다면(완성도와 무관하게) 외국계 기업 이직이라는 시험에서 50점은 달성한 것이다. 그렇다면 이직에 성공하려면 100점을 맞아야 할까? 물론 100점을 맞으면 좋겠지만 개인적인 경험상 직무기술서를 100% 충족하는 지원자는 하늘의 별 따기만큼이나 희귀하다. 그러므로 나의 이력서와 직무기술서를 비교해서 부족한 학위/지식/기술/경험을 찾아 나열하고, 그중 가장 난이도가 낮은 항목부터 하나씩 미션 수행하듯 달성해 이력서를 업데이트하자.

무엇(What)을 해야 하는지 파악했다면, 어떻게(How) 준비해야 하는지를 목표하는 회사에서 일하는 또는 원하는 직무를 수행하고 있는 사람들을 찾아 조언을 구하는 노력을 꾸준히 해야 한다.

현대사회를 사는 우리는 본인의 일이 아니면 무관심하지만, 뜻이 있는 곳에 길이 있는 법이고 하늘은 스스로 돕는 자를 돕는다고 했다. 나 역시 많은 사람의 친절한 도움 덕분에 길을 찾을 수 있었지만, 그 따뜻함을 만나기까지 수많은 냉대를 참고 이겨냈다. Never Give Up! 절대 포기하지 마라!

쉬운 것부터 차근차근 달성한다

정보통신과 IT 기술의 발전으로 딘순 반복직인 일자리는 기계 또는 IT 솔루션으로 대체되고 있기 때문에, 사람이 일하는 자리는 줄어들고 좋은 일자리에 대한 경쟁은 더욱 치열해질 것이다.

목표하는 회사의 자리를 얻는 데 필요한 것이 한 단계 더 높은 학위라면 난이도가 높은 장기 과제가 될 것인데 학위가 완성되기만을 기다리며 다른 준비를 미뤄두는 것은 옳은 방법이 아니다. 장기 과제는 긴 호흡으로 진행하되, 그보다 난이도가 낮은 과제(가령 어학 실력/점수나 자격증 등)를 준비하고 취득하는 과정 중에 미처 눈에 보이지 않았던 새로운 기회가 찾아올 수도 있다.

이직은 끝이 아니라 새로운 시작이고 경제적 자유를 이루는 순간까지 스펙 쌓기는 계속된다. 내가 세운 목표와 과제에 스스로 주눅 들고 짓눌리지 않게 계획을 세우고 차근차근 달성하다 보면 나의 이력서와 직무기술서의 간극이 상당 부분 줄어든 것을 발견할 수 있을 것이다.

4단계: 이직 FA 시장에 나를 내놓는다

구슬이 서 말이어도 꿰어야 보배다

본인의 경험과 지식은 '구슬'이고 그것을 이력서라는 형식에 맞추어 잘 꿰었으니, 헤드헌터와 채용 담당자가 '나'라는 '보배'를 쉽게 찾을 수 있도록 최대한 많은 곳에 전시해야 한다. 다양한 외국계 취업 플랫폼과 헤드헌터를 활용하는 방법은 이미 기술했지만, 이번 챕터에서는 이직 로드맵의 흐름에 맞추어 그 활용법을 간략히 짚고 넘어가겠다.

그리고 4장에는 내가 자주 활용하는 플랫폼인 '링크드인'과 '피플앤잡'을 선택해 그 활용법에 대해 '따라잡기 방식'으로 상세히 기술했으니, 일단 그대로 따라 해보고 본인에게 맞게 업그레이드하길 바란다. 나의 경우 IT 산업에 종사하고 있고 프로젝트

성과, 영업실적 단위로 일을 구분할 수 있는 반면에 내가 경험해 보지 않은 산업 그리고 직무에 대해서는 그 분야에 경험이 있는 사람들에게 적합한 기술 방식이 따로 있을 것으로 생각한다.

채용 플랫폼에 이력서를 게시할 때

기본이 되는 이력서 하나를 완성하면 지원하는 회사에 맞춤형으로 변경 및 수정하는 작업은 매우 수월하다. 이것은 채용 플랫폼에도 그대로 적용되고, 기본이 되는 플랫폼으로는 링크드인을 추천한다. 이력서 양식과 유사하게 템플릿이 만들어져 있기 때문에 내용을 그대로 붙여넣기만 해도 매우 높은 완성도로 프로필을 채울 수 있고, 글로벌 플랫폼이기 때문에 해외에 있는 헤드헌터 및 채용 담당자에게도 노출이 되어 이직 제안(Job Offer)을 받을 수 있다는 장점이 있다.

만약 국문 이력서는 완성되었으나 영문 이력서는 작성 중이라면 일단 피플앤잡과 리멤버를 활용하자. 국내 플랫폼이고 활동하는 헤드헌터 또는 채용 담당자의 대다수가 한국인이기 때문에 프로필을 국문으로 작성해도 무방하다. 나도 이 두 곳은 국문으로 프로필이 작성되어 있고, 헤드헌터에게 제안받은 회사나 포지션이 지원할 만하다는 판단이 드는 경우 영문 이력서를 업데이트해 전달한다.

단, 주의해야 할 점은 이력서에 있는 세부 정보, 특히 재직했던 회사의 민감한 정보를 채용 플랫폼에 모두 노출하는 것은 적절하지 않다. 내가 진행했던 업무 또는 프로젝트의 전반적인 정보를 오픈해서 나라는 사람에 대해 일차적으로 이해하고 호기심을 유발하는 수준이면 충분하다. 예를 들어, 영업 담당자라면 '포스코홀딩스 실적 발표(FY22) 영업 목표 달성으로 최고 세일즈상 수상', 운영담당자라면 '운영비용(OPEX or TCO) 30% 절감'이 채용 플랫폼에 게시할 수 있는 수준이고, 영업실적 금액이나 실제 절감 비용과 같은 세부적인 숫자는 이력서를 통해 전달하는 것이 옳다.

헤드헌터로부터 연락이 왔을 때 주의할 점

채용 플랫폼에 있는 나의 프로필이 취업 시장의 트렌드 또는 특정 기업의 수요(Needs)와 맞는다면 내가 공개한 이메일 또는 취업 플랫폼의 메시지를 통해 연락받게 된다.

경험이 부족한 사람들은 '연락 = 합격'으로 착각하고 무작정 이력서를 전달하는데, 그 이후 헤드헌터로부터 결과에 관한 회신을 받지 못하고 배신감과 상심에 빠지는 사례를 흔히 발견할 수 있다. 헤드헌터로부터 연락이 오면 일단 회사와 직무에 대해 간략히 설명을 듣고, 이메일로 직무기술서를 요청해 꼼꼼하게 읽어본 후에 이력서 제출 여부를 결정하자.

이미 설명했지만, 이력서에는 내가 근무했던(그리고 근무 중인) 회사 정보와 자신의 개인정보가 상세하게 기술되어 있다. 이력서를 아무렇지 않게 '뿌리지' 말고, 본인의 경력과 향후 목표에 적합한 곳인지 고민한 뒤에 적합하다고 판단이 되면 그때 이력서를 제출해도 늦지 않다.

또한 아마추어 헤드헌터가 아닌 나의 이직 파트너가 될 수 있는 실력 있는 헤드헌터를 찾자. 이를 구별하는 것은 '왜?'라는 간단한 질문으로 가능하다. '왜 해당 회사는 사람을 채용하고 있는지', '왜 나에게 연락했는지', '왜 내가 해당 회사와 직무에 적합하다고 생각하는지' 등을 질문과 답으로 대화를 이어나다가 보면 헤드헌터가 내게 제안한 회사를 파악하고 있는 수준과 실력을 가늠할 수 있다.

시간이 지나도 아무런 연락이 없다면

외국계 기업은 입사 후 즉시 전력에 도움이 될 사람을 채용한다. 이 뜻은 국내 대기업 기준으로 총 경력이 7~8년 차 이상은 되어야 스스로 알아서 업무를 수행할 수 있다는 의미로, 그 정도의 경력자를 뽑는다는 것이다.

7~8년 차 이하 경력의 독자라면 마음을 조급하게 갖지 말고

본인의 전문성을 가다듬고 어학 실력을 꾸준히 쌓아 나가는 것을 권한다. 그렇게 차곡차곡 축적된 실력이 좋은 기회를 만나면 합격할 확률이 높아지고 최종적으로 좋은 조건을 통해 그동안의 노력을 보상받을 수 있을 것이기 때문이다. 상투적인 표현이지만 '인내는 쓰고 열매는 달다'라는 것은 만고불변의 진리다. 그렇다고 방구석에서 은밀하게 노력'만' 하면 안 되고, 꾸준히 이력서를 업데이트하면서 스스로에 대해 회고하는 과정 그리고 채용 플랫폼을 통해 자신을 지속적으로 노출하는 작업은 병행되어야 한다.

8년 차 이상의 경력을 갖고 있고, 내가 언급한 채용 플랫폼에 모두 이력서를 게시한 뒤에 반년이 지나도록 한 번도 연락이 없다면 방식을 바꿀 필요가 있다. 첫 번째로 내가 노출한 정보가 시장에서 원하는 인력과 다른지에 대해 살펴봐야 할 것이고, 만약 그 부분에 문제가 없다면 두 번째로는 수동적으로 연락을 기다릴 것이 아니라 본인이 적극적으로 채용 정보를 찾아서 지원하는 방법을 택해야 한다.

급히 먹는 밥이 체한다

나의 경우 어떤 시즌에는 일주일에 한 번 이상 이직 제안을 받기도 하지만, 그 시즌이 지나가면 몇 달이 지나도록 단 한 번의 연락도 없는 비수기가 찾아온다. 현재 회사에서 달성해야 할 목표와 이후의 계획이 명확하면 성수기든 비수기든 상관없이 좋은 시기와 회사를 기다리는 여유를 가질 수 있다.

반면에 현재 회사를 벗어나는 것이 최우선 목표이고 국내 기업문화에 이골이 나서 외국계 기업을 선택한 것이라면 그 조급함 때문에 잘못된 선택을 하게 될 가능성이 커진다. 내가 알고 있는 외국계 기업 몇 곳은 국내 기업보다 훨씬 더 수직적이고 경직된 문화를 갖고 있는데, 기업에 대해 제대로 된 정보를 알지 못하고 입사해서 몇 달 만에 퇴사하는 케이스도 직접 보았다.

치열하게 쌓아온 실력을 시장에서 인정받고 그에 맞는 대우를 해주는 곳으로 이적하는 것이 FA 시장이듯, 나의 경력과 지식을 이력서라는 방식으로 시장에 내놓고 객관적으로 평가받는 과정이 이직이다. 좋은 선택을 하면 몸값과 더불어 커리어(Career)를 업그레이드할 수 있지만, 잘못된 선택을 하면 돌이키기가 쉽지 않고 최악의 경우 그 전에 쌓아 둔 공든 탑까지 무너질 수 있는 것이 이직의 양면성이다. 그러므로 절대적으로 조급함을 버리고, 자신의 커리어 목표와 계획이라는 명확한 기준을 통해 나에게 도움이 될 훌륭한 회사를 고르는 선구안을 갖자.

5단계: 이력서 제출, 저스트 두 잇!

이제 모든 것이 준비되었다

지금 재직 중인 회사에 만족하지만, 더 좋은 기회와 조건이 갖춰진다면 옮기겠다는 수동적인 입장의 독자도 있고, 현재 상황에 만족·불만족을 떠나 당장이라도 외국계 기업에서 새로운 도전을 하고 싶은 공격적인 태도의 독자도 있을 것이다. 그 사정이 어떠하든, 최근 정보로 업데이트된 국문 및 영문 이력서와 취업 플랫폼이 준비된 시점에 이직 로드 달리기는 시작되었다.

100미터 단거리 달리기처럼 초스피드로 단번에 결과가 가려지는 때도 있고, 42.195킬로미터를 달리는 마라톤처럼 지난한 과정을 거치며 중간에 포기해버리고 싶을 수도 있다. 심지어 나는 이직을 거듭하면서 철인3종경기처럼 주 종목을 변경하는 모험을 진행 중이다. 이른바 엔지니어에서 컨설턴트 그리고 사업 개발과 솔루션 세일즈를 거치며 IT 분야의 슈퍼 제너럴리스트 (Super Generalist)가 되기 위한 수련을 쌓고 있다. 아무튼 준비된 당신, '저스트 두 잇(Just Do It)'! 망설이지 말고 그냥 달려보자.

헤드헌터를 통한 이력서 제출

신뢰할 수 있는 헤드헌터로부터 제안을 받았고, 직무기술서를 검토한 결과 자신과 잘 맞는 회사이자 직무라면 이력서를 그에 걸맞게 수정한다. 특히, 이력서 수정(Customized)의 중요성과 방법에 대해서는 이전 챕터에서 충분히 설명해두었으니 혹 잊었다면 다시 한번 읽어보길 바란다.

이력서 제출 프로세스는 헤드헌터에 따라 다른데, 경험 있는 헤드헌터들은 각 회사의 특징을 파악하고 있어서 상세한 가이드와 함께 이력서 수정을 요청한다. 더 훌륭한 사람들은 이력서를 상세히 파악해서 지원자의 장점을 부각하고 단점을 보완하는 방법에 대해 조언까지 해주므로 합격·불합격 여부와 상관없이 이런 사람들과 프로세스를 진행하면 이력서 수준과 면접 스킬이 한층 업그레이드된다. 때로는 채용을 의뢰한 회사에서 헤드헌터에게 1차 필터링(Filtering)을 맡기는 케이스도 있어서, 이런 경우 이력서 제출 후에 온오프라인으로 약식 인터뷰를 진행하기도 한다.

서류 통과 여부는 헤드헌터를 통해 연락이 오기도 하고, 때로는 채용 담당자로부터 이메일로 통보가 되기도 한다. 회사마다 진행 방식에 차이가 있으니 궁금한 부분은 모두 헤드헌터에게 문의하고, 안내되는 대로 프로세스를 밟으면 된다. 예전에는 진행 과정과 일정 조율까지 헤드헌터가 처리해 주었는데, 최근에는 적합한 지원자를 찾아서 이력서를 제출하는 단계까지만 개입하고 그 이후는 HR 리크루터(Recruiter)가 대부분을 맡아 진행하는 것이 일반적인 듯하다.

일단 지원하는 회사에 대해 궁금한 부분, 만약 서류에서 탈락했다면 그 사유 그리고 프로세스를 진행하면서 확인하고 싶은 부분에 대해 헤드헌터에게 문의하자. 또한 한 걸음 더 나아가서는 함께 상의하며 의견을 나눠야 하므로 신뢰할 수 있는 헤드헌터를 만나는 것이 매우 중요하다(사실 쉽지 않은 것이 현실이다).

회사 채용 사이트를 통한 이력서 제출

회사마다 'ㅇㅇㅇ.careers.com', 'jobs.◇◇◇.com'과 같이 채용 사이트를 운영하고 있으니, 관심 있는 회사가 있으면 해당 사이트를 즐겨찾기에 추가해서 주기적으로 방문하는 것이 좋다. 또한 링크드인에 본인이 관심 있는 직무를 저장해두면 연관성

있는 포지션을 추천해 주기도 한다.

각 회사 채용 사이트를 활용하게 된다면 조금 번거로울 수 있는 부분은 이력서에 있는 내용을 해당 사이트의 포맷에 맞게 하나하나 정확하게 입력하는 과정(이력서 내용을 복사-붙여넣기)을 거쳐야 한다는 점이다. 이력서를 업로드하면 분석해서 포맷에 맞춰 자동으로 입력해 주는 기능이 있기는 하지만, 아직 정확도 및 완성도가 높지 않아서 보조적인 수단으로만 사용하고 꼼꼼한 확인과 수정이 필요하다.

주의할 부분은 앞서 언급했지만 최근 경력이 최상단에 위치하도록 작성해야 하는 점이다. 학력도 마찬가지다. 그리고 이력서를 첨부할 것인지 묻는 부분에서는 되도록 PDF 형식으로 이력서를 변환해서 첨부할 것을 권한다(마이크로소프트에 지원하는 사람들은 반드시 Word 파일로 첨부하라).

채용 사이트에서 요구하는 정보를 모두 입력하고 이력서를 업로드하면 제출하기 전에 입력한 정보가 맞는지 최종적으로 확인하는 단계를 거친다. 제출 버튼을 누르면 몇 분 안에 입력한 이메일 주소로 이력서가 정상적으로 접수되었다는 확인 메일을 받을 수 있다.

회사마다 차이가 있으나 빠른 경우 일주일 이내에 합격 여부가 메일로 통보되고, 드물지만 많이 지연되는 경우 한 달 정도 소요되는 곳도 있다. 나의 경험상 보름을 기준으로 판단하는데,

보름이 지나도록 응답이 없으면 서류에서 탈락했다고 생각하며 미련을 갖지 않는 것이 정신건강에 도움이 된다. 서류가 통과된 이후 프로세스는 HR 리크루터의 안내에 따라 인터뷰 일정 협의가 시작된다.

헤드헌터와 회사 채용 사이트의 차이점

외국계 기업으로 이직을 고려하는 지인들에게 자주 받는 질문 중 하나인데, 나의 대답은 '상관없다'이다. '나'라는 상품의 본질이 중요하지, 내가 유통되는 '경로'는 중요하지 않다. 나 역시 헤드헌터를 통한 이직은 1번에 불과하고, 대부분은 내가 직접 채용 사이트에서 원하는 포지션을 찾은 뒤에 그 회사에 재직하는 지인이 있으면 추천을 부탁하고 그렇지 않으면 직접 지원해서 관문을 뚫었다.

다만, 헤드헌터를 통해 포지션을 제안받았는데 굳이 그 회사에 채용 사이트를 통해 다시 지원할 필요는 없다. '이런 사람이 있을까?' 생각할 수 있는데 의외로 이런 사례가 종종 발생한다고 들었다. 나의 견해는 상도의에 어긋나기도 하고 헤드헌터와 함께 이야기하면서 도움받을 수 있는 부분이 많으므로, 이직의 파트너로 생각하고 적절히 활용하기를 권한다.

특히 특정 회사를 전문적으로 담당하는 헤드헌터들이 있는

데, 이들은 본인을 통해 입사한 사람들의 정보를 상세히 알고 있다. 그래서 합격에 필요한 스펙과 합격자들의 연봉 수준 등 지원자에게 실질적 그리고 금전적으로 도움이 되는 소중한 정보를 제공할 수 있다.

첫술에 배부르랴

잘 준비된 이력서와 내 링크드인 페이지, 보기만 해도 배가 부르고 당장이라도 외국계 기업으로 이직할 수 있을 것만 같은 기분이 든다. 호기롭게 지원한 회사에서 일주일 뒤에 도착한 이메일에 '우리 회사에 관심을 두고 지원해 주셔서 감사합니다. 하지만……'이라고 영어로 쓰여 있어서 두 번 세 번 읽어보게 되는데 쓰린 마음은 가라앉지 않는다.

처음부터 당당히 합격 메일을 받는 독자도 있겠지만 합격자보다는 탈락자가 더 많은 것이 사회구조다. 제아무리 잘났다 하더라도 뛰는 사람 위에 나는 사람이 있기에, 탈락의 이유를 곰곰이 생각하면서 부족한 부분을 보완하고 그것을 다시 이력서에 업데이트하는 것이 중요하다.

'중요한 것은 꺾이지 않는 마음'

2022년 카타르 월드컵에서 우리나라가 우루과이전 무승부, 가나전 패배로 절망적인 상황에서 포르투갈전을 2대1 역전으로 승리해 16강 진출이 확정된 후 선수단의 태극기에 등장한 문구다. 합격의 기쁨을 누리는 통쾌한 순간을 머릿속에 그리며 마음의 굳건함을 유지하길 희망한다.

6단계: 본격 인터뷰를 준비하는 방법(기본편)

두근두근 설레는 가슴

채용팀으로부터 받은 이메일을 조심스럽게 클릭하고 천천히 내용을 읽어본다. 제아무리 이직 경험이 많다 하더라도 절대 익숙해지지 않는, 내 심장 소리까지 들리는 순간이다. 결과는 '합격 (Pass)'. 이력서가 통과되었다는 메일 스타일은 회사마다 다르지만, 대략 아래와 같은 형식이다.

"Hello [이름],
You have been identified as a potential candidate for the role of [지원한 포지션], reporting to [지원한 포지션의 상사]. The next step in the process is to schedule interviews. I will be scheduling 3 interviews.
(이하 생략)

소소한 이야기를 하나 풀자면 나는 단계를 통과할 때마다 아내와 함께 단골식당에 들러 그간의 허했던 마음을 채운다. 다음 단계의 결과는 장담할 수 없으니 일단 현재의 기쁨을 만끽하는 것이 나에게는 중요하고, 그 순간을 진심으로 함께 누릴 수 있는 인생의 동반자가 있으니 소중한 순간이다.

공중에 붕 떠 있는 것과 같은 기쁨을 충분히 누렸다면, 이제는 다시 땅에 발을 붙이고 현실로 돌아와 인터뷰를 준비해야 한다. 이 과정에서 조언하고 싶은 부분은 시중의 도서나 유튜브 영상에 지나치게 의존해서 해법을 찾지 않았으면 하는 것이다. 그 이유는 1단계부터 4단계를 충실하게 차곡차곡 준비해왔다면 인터뷰 질문을 예상하고 풀어낼 수 있는 자료를 이미 손에 쥐고 있기 때문이다.

자신이 가진 재료를 활용한 인터뷰 준비 방법과 기본적이지만 중요한 질문에 대답하기 위해 유념해야 할 부분에 대해 알아보자.

이력서를 충분히 숙지하고 자신을 정확히 알자

Q. 간단하게 자기소개 부탁합니다

외국계 기업이든 국내 기업이든 기본적으로 묻는 첫 질문으로, 이에 대한 답변이 나의 이미지를 결정짓는다. 그렇다면 자기소개에는 어떠한 정보가 담겨야 할까? 질문을 바꿔 자기소개를 통해 내가 면접관에게 전달하고 싶은 정보는 무엇일까?

자기소개는 '자신을 소개하는 시간'이 아닌 '자신을 어필하는 시간'이다. 그러므로 신입 사원, 경력 사원을 떠나 성장배경, 가족관계, 성격과 같은 내용이 자기소개에 나오는 순간 마이너스 100점을 먹고 들어간다(적어도 내가 면접관으로 들어가는 인터뷰에서는 그렇다).

모든 면접관이 내 이력서를 꼼꼼하게 읽어보고 인터뷰에 들어오는 것이 아니기 때문에, 내가 재직했던 회사와 담당했던 업무를 이야기하고 그러한 경험이 지원한 포지션을 수행하는 데 어떠한 장점이 있는지 그리고 기여할 수 있는 바를 간결하게 설명한다.

자기소개의 구조와 내용은 정리하자면 다음과 같다. 첫 번째, 간단한 인사말로 시작한다. 두 번째, 이름과 현재 재직 중인 회사, 담당하는 직무를 소개한다. 세 번째, 만약 재직했던 회사가 두 군데 이상이라면 가장 처음 근무했던 회사부터 시작해서 최근 회사 순으로 회사명과 담당 업무를 설명한다. 단, 이전에 담당했던 업무 중에서 지원한 회사의 포지션과 연관성이 있는 부분을 중심으로. 그리고 이직 사유에 대해서도 간략히 언급한다. 단, 회사나 상사, 동료에 대한 불만은 절대 금지. 네 번째, 나의 경력과 경험을 통해 지원한 포지션을 얼마큼 잘 수행할 수 있고, 궁극적으로 회사에 기여할 수 있는 부분에 대해 어필하는 것으로 마무리한다.

위 내용을 약 1~2분 정도에 간결하지만, 인상 깊게 풀어내기 위해서는 본인이 작성한 이력서를 완벽히 숙지해야 한다. 또한, 자기소개는 긴장된 분위기에서도 영어로 막힘없이 말할 수 있도록 시간이 날 때마다 반복적으로 연습하는 것이 매우 중요하다.

Q. ○○ 회사에서 수행한 ○○ 업무(프로젝트)에 관해 설명해 주세요

자기소개를 마치면 필수적으로 따라붙는 질문이고, 그렇기 때문에 이력서에 기재된 내용(수치를 포함해서)을 숙지할 것을 다시 한번 강조한다. 대답은 이력서에 있는 정보를 근간으로 면접관이 이해하기 쉽게 풀어서 이야기하되, 해당 업무를 통해서 회사에 기여하고 본인이 성장했던 부분 그리고 그러한 경험이 지원한 포지션을 수행하는 데 어떻게 도움이 될 수 있는지 간략히 어필하는 것으로 마무리하자.

특히, 업무를 진행하면서 겪은 어려움이 있었다면 그것을 해결한 방식과 결과에 대해 STAR(Situation-Task-Action-Result) 기법을 활용해 대답을 구조화하는 것이 효과적이다(STAR 기법에 대해서는 다음 장에서 좀 더 상세히 설명하겠다).

인터뷰 준비의 기본, 직무기술서 해부

Q. 왜 이 포지션에 지원하셨나요

사람들 대부분 본인이 하고 싶은 이야기를 만들어서(창작) 한다. 그러나 이 질문에 대한 답은 직무기술서에 이미 기술되어 있고, 그것을 나의 경력과 상황에 맞게 변형해(Customized) 답하는 것이 중요하다. 직무기술서를 꼼꼼하게 읽어 내려가면서, 내가 갖고 있는 부분과 그렇지 않은 부분으로 하나하나 구분한다. 그렇게 정리하면 면접관이 이 질문을 통해 듣고 싶은 영역에 대한 답이 자연스럽게 준비된다.

- 내가 가진 부분 = 지원한 회사에 기여할 수 있는 영역
- 내가 갖고 있지 않은 부분 = 지원한 회사를 통해 내가 성장할 수 있는 영역

직무기술서에 있는 모든 요건을 언급하면 대답이 장황해지기 때문에, 내가 장점으로 내세울 수 있는 부분(기여할 수 있는 영역)을 두세 가지 언급한 후에 이직을 통해 채우고 싶은 부분(성장할 수 있는 영역)을 한두 가지 정도 이야기하는 것이 적절하다.

이 질문 또한 자기소개와 같이 필수 질문이기 때문에 한글과 영어로 모두 논리 정연하게 설명할 수 있게 답을 준비하고 무한

반복 연습해야 한다.

Q. 이 포지션이 어떤 일을 한다고 생각하시나요

'에?! 내가 무슨 일을 하는지도 모르고 지원했을까!'라고 생각하며 직무기술서에 있는 내용을 그대로 이야기하면 내 기준으로는 70~80점 수준의 대답이라고 본다. 모든 질문이 그러한 것은 아니지만 대부분은 텍스트(Text) 뒤에 숨은 맥락(Context)을 읽어야 90점 이상의 대답을 할 수 있다.

이 질문을 통해 면접관이 알고 싶은 부분은 해당 포지션의 본질을 이해하고 경험해 봤는지, 더 나아가서는 성과를 내기 위해 극복해야 할 부분과 실제 성과를 냈던 경험을 확인하고 싶은 것이다. 직무기술서만 보면 소위 '있어 보이는 부분'만 강조되어 있지만, 현장에서 업무를 수행하다 보면 다른 팀의 협조를 구하기 위해 굽신굽신해야 하고 때로는 고객 앞에서 욕받이가 되어야 할 때도 있다. 그러한 업의 본질을 정확히 이해하고, 그러한 어려움에도 성과를 냈던(또는 내기 위한) 방법에 대해 자신만의 경험을 기반으로 대답하는 것이 무엇보다 중요하다.

가장 기본적인 인터뷰 질문

구글에 'Most Common Interview Question'을 검색하면, 인

터뷰 질문 유형과 그에 대한 답변 예시를 찾아볼 수 있다. '그 많은 질문을 어떻게 다 읽어보나요!' 원망 섞인 목소리가 들리는 듯해 내가 인터뷰에서 받았었던 질문으로 추렸으니, 일단 이에 대한 자신만의 답을 스스로 만들어보는 연습을 해보자.

그중에서 다음에 나와 있는 인터뷰 질문 예시는 인터뷰를 시작할 때 또는 다음 글(실전편)에 있는 조금은 난이도 있는 질문 간에 그리고 인터뷰를 마무리할 때 나오는 것들을 내가 추린 것이다. 마치 권투 경기에서 카운터를 치기 전에 잽(Jab)을 날리는 것처럼, 면접관이 가볍게 던지는 질문으로 받아들이고 대비하면 된다.

- Tell me something about yourself.

  (당신에 대해 말해보십시오)

- How did you hear about this position?

  (지원한 포지션에 대해 어떻게 듣고 왔습니까?)

- Why do you want to work here?

  (여기서 일하고 싶은 이유는 무엇입니까?)

- Why did you decide to apply for this position?

  (왜 이 자리에 지원하기로 했습니까?)

- What is your greatest strength?

  (당신의 가장 큰 강점은 무엇입니까?)

- What are your strengths and weaknesses?

  (당신의 장단점은 무엇입니까?)

- What do you know about this company / organization?

  (이 회사나 조직에 대해 무엇을 알고 있습니까?)

- Why should we hire you?

  (우리가 당신을 고용해야 하는 이유가 있나요?)

- What is your greatest accomplishment?

  (당신이 성취한 괄목할 만한 성과가 있습니까?)

- What are your salary requirements?

  (희망 연봉이 어떻게 됩니까?)

- What are you looking for from a new position?

  (새로운 포지션에서 당신이 추구하는 바는 무엇입니까?)

- Are you considering other positions in other companies? (다른 회사, 포지션도 고려하고 있습니까?)

- What is the professional achievement you're most proud of? (당신이 가장 자랑스러워하는 직업적 성과는 무엇입니까?)

- Where do you see yourself in 5 years?

  (5년 후 당신의 모습을 그려보세요)

- Do you have any questions for us?

  (우리 회사에 대해 궁금한 점이 있습니까?)

정보의 보고, 회사 홈페이지와 블로그 검색

외국계 IT 기업을 기준으로 이야기하면, 서류가 통과되고 인터뷰 일정을 협의하면서 회사와 포지션에 대해 이해하고 인터뷰를 준비할 수 있는 자료들을 이메일로 제공해 준다.

기본적으로 자료 제공 여부와 무관하게 해당 회사의 최근 동향은 어떠한지 그리고 제품(솔루션, 프로덕트) 포트폴리오는 무엇인지, 회사 홈페이지와 회사에서 운영하는 블로그를 통해 파악하자. 그러면 면접 전 아이스 브레이킹(Ice Breaking)을 할 때 짧게 언급하면서 지원한 회사에 대한 나의 관심도를 어필할 수 있다(단, 짧게 하자. 회사 내부 사정을 아는 '척'하는 느낌을 주면 오히려 감점 요소다).

공부한다는 자세보다는 출퇴근길 그리고 자투리 시간을 활용해서 최근 동향을 살펴본다는 마음가짐으로 대해야 엄청난 정보의 양에 짓눌리지 않을 것이다.

무한반복, 더는 보기 싫어서 속이 울렁거릴 때까지

큰 압박 속에서 진행되는 인터뷰를 잘 풀어내려면 자신감이 매우 중요하고, 그 자신감은 반복되는 연습을 통해 상승한다. 세부 질문으로 들어가기 전에 자기소개와 포지션에 관한 이해 등 기존 질문에 대한 답변은 자연스러운 톤과 표정으로(내용은 암기해서 말하는 표시가 나지 않게) 이야기할 수 있도록 충분히 연습하자.

특히 영어로 답변하다가 중간에 막혀 같은 말만 반복하다가 결국 제대로 완결된 답변을 하지 못하는 경우가 생기면 부담감이 증폭해서 인터뷰 전체에 악영향을 미칠 가능성이 크다.

'Practice Makes Perfect(연습이 완벽을 만든다).'

아침에 눈을 떴을 때, 세수할 때, 출근길 지하철에서, 점심 식사 후에 쉴 때, 화장실에서, 퇴근길에, 자기 전 침대에서… 머릿속에서 답변을 반복해서 외우고 혼자 있을 때는 소리를 내어 연습한다. 소위 자다가 누가 툭 건드리면 기계적으로 답변이 줄줄 나올 정도로 숙지 되어야 긴장된 상황에서도 잊지 않고 자신감 있게 답변하는 수준이 된다. 완벽에 가깝게 준비했다고 생각해도 인터뷰가 끝나면 아쉬움이 남기에, 그 부분을 보완해서 다음 인터뷰를 준비한다.

강심장을 소유한 분들은 예외겠지만, 나는 '이렇게까지 해야 하나' 할 정도로 스스로 밀어붙였을 때 좋은 결과가 따라왔다. 순간적인 기지를 발휘해서 독특하고 창의적인 답변과 행동으로 합격한 사례를 동경하며 몰입하지 않았으면 한다. 그 또한 엄청난 준비를 통해 다져진 기본기가 있기에 가능한 일이고, 현실 면접에서 그렇게 극적인 사건은 거의 일어나지 않기 때문이다.

7단계: 인터뷰의 기술(실전편)

STAR 기법, 꼭 알아야 하는 이유

이번 글에서는 '문제를 해결하는 방법'에 대한 질문에 구조적으로 답변하는 STAR 기법을 설명하고 질문 예시를 제공하고자 한다. 몇 년 전부터 '문제해결 방식' 인터뷰를 진행하는 빈도가 늘어나고 있고, 특히 아마존은 최종 단계(Final Round)에서 하루에 총 4번의 인터뷰(Loop Interview: 45분 인터뷰와 15분 휴식을 반복해서 치르는 인터뷰)를 진행하는데 대부분 특정 문제와 상황을 어떻게 해결했는지(또는 해결할 것인지) 묻고 답하는 과정으로 구성된다.

모든 회사가 이러한 형식으로 인터뷰를 진행하는 것은 아니어서 본인과 상관없다고 생각할 수 있지만, '본인이 겪었던 가장 어려운 상황을 어떻게 극복했는지 말씀해 주세요'라는 질문이

인터뷰의 단골 질문인 점을 생각하면 STAR 기법은 배우고 익힐
가치가 충분하다.

나의 경험을 논리적으로 설명하기 위한 기법

STAR 기법은 Situation, Task, Action, Result의 약자로, 자
기 경험을 S(상황/배경), T(문제/과제), A(행동/생각/노력), R(결과)로
말(또는 작성)하는 구조다. 즉 어떤 상황에서 문제가 발생했을 때
자신이 어떠한 행동으로 대처했으며, 그에 따른 결과는 어떠했
는지를 논리적이고 구조적으로 말하는 기법이다. 아래는 각 단
계에 대한 세부 설명이다.

- Situation(2~3문장): 문제가 발생한 상황/배경을 설명하며
  이야기를 시작하는 단계다. 주어진 상황, 달성해야 하는 목
  표를 중심으로 설명한다.
- Task(1~2문장): 업무(또는 생활)를 하던 중 직면한 문제나 과
  제를 제시하는 단계다. 어떤 위기가 발생했는지 구체적으
  로 설명한다.
- Action(2~3문장): 문제를 해결하기 위해 어떤 해결책을 어떻
  게 적용해 얼마나 노력했는지 보여주는 단계다. 어떤 해결
  책을 적용해 행동했는지, 나의 역할이 무엇이었는지 설명

한다.

- Result(2~3문장): 어떤 결과를 얻게 되었는지, 얻은 성과는 무엇인지 결론을 이야기하며 마무리하는 단계다. 성과에 대해 서술형보다는 구체적인 수치를 제시하며 어필한다.

주의할 점은 질문을 받자마자 바로 대답하지 말고, "잠깐 답변을 생각할 시간을 주시겠습니까?" 등의 말로 정중하게 답변을 생각할 시간을 요청하고 10초 내외로 답변을 STAR 양식에 맞게 구조화하는 것이 바람직하다. 경험은 건조한 느낌으로 이야기를 시작하고 감정적인 단어(정말, 매우, 너무)는 될 수 있으면 사용하지 않는 것이 좋다.

'본인이 겪었던 가장 어려운 상황을 어떻게 극복했는지 말씀해 주세요'라는 질문에 답할 때, '너무 어려운 상황이었습니다'라고 이야기하기보다 면접관이 공감할 수 있는 구체적인 이유를 설명하는 것이 효과적이다. 또한, 결과를 설명할 때는 구체적인 수치를 적극적으로 활용해야 면접관이 해당 답변을 좀 더 사실적으로 받아들이게 되며, 내가 어필하고 싶은 부분에 대한 추가 질문을 끌어낼 수 있다.

실제 경험한 사례에 관한 질문

종종 실제 경험했던 사례(Behavioral Interview Questions)를 물을 때가 있는데, 이러한 행동 질문은 시간 관리, 팀워크, 진취성, 조직력, 의사소통 능력과 같은 포지션에 필요한 기술을 평가하는 데 사용된다. 위에서 설명한 STAR 기법을 사용해 이러한 질문에 접근하고 답변해야 한다.

"특정 기한 아래 모든 책임을 다하기 위해 매우 전략적인 작업을 수행해야 했던 경우의 예를 들어주십시오(Give me an example of when you had to be very strategic in your tasks to meet all of your responsibilities under a specific deadline)"라는 질문에 대한 구조적 답변은 아래와 같다.

- Situation: 저는 일반적으로 가능하면 몇 주 전에 작업 계획을 세우는 것을 좋아합니다. 하지만 이전에 영업 관리자로 근무했던 X사에서 갑자기 팀을 새로운 곳인 고객 관계 관리(CRM) 소프트웨어 팀으로 이동해야 했습니다. 그런데 팀에서 사용하고 있었던 소프트웨어가 예기치 않게 가격 모델을 변경해 가격이 너무 비쌌습니다.
- Task: 3분기 말(가격 인상이 예상되는 시점)까지 자체 판매량이 줄어들지 않도록 하면서 요구 사항을 충족하는 새로운 소프트웨어를 찾아야 했습니다. 또한 새로운 도구는 직원들

이 적응하기 쉽고 직관적이어야 했습니다.

- Action: 그렇게 하기 위해서는 시간 관리에 굉장히 신경을 써야 했습니다. 가장 먼저 한 일은 영업 사원에게 현재 CRM의 가장 큰 문제가 무엇인지 물어보았고, 가격 요소를 제외하고 새 CRM에서 무엇을 찾아야 하는지 빠르게 파악했습니다.

  그 후 매일 1~2시간을 연구에 할애했고 새로운 소프트웨어를 발견하고는 바로 데이터를 마이그레이션(Migration)했습니다. 오래된 연락처를 모두 삭제하고 현재 리드에 누락된 정보를 업데이트했으며 새 소프트웨어 사용 방법에 대해 팀원들을 교육했습니다. 저는 이 과정에도 여전히 일상적인 업무를 수행했으며 성과 감소는 없었습니다.

- Result: 마감일보다는 일주일 늦었지만, 프로젝트는 완벽히 마무리되었습니다. 저는 매출 목표를 12% 초과해 분기를 마쳤고, 팀은 새로운 CRM에 만족했습니다. 사전에 계획을 세우고 적절한 시간을 할당함으로써 모든 것이 잘 해결되었습니다.

경험과 사례에 관한 질문에 '의식의 흐름대로' 친구에게 이야기하듯 답했던 적이 있을 것이다. 이러한 질문은 말 그대로 경험 자체를 듣고 싶은 것도 있지만, 경험을 구조적으로 분해해서 논리적으로 설명할 능력이 있는지를 검증하려는 의도가 깔려 있다.

'본인이 겪었던 가장 어려운 상황을 어떻게 극복했는지 말씀해 주세요'라는 질문은 말을 조금 바꾸면 아래와 같이 파생될 수 있다.

- Give an example of how you have handled a challenge in the workplace before(이전 직장에서 과제를 처리한 적절한 사례를 들어보십시오).
- Give an example of when you performed well under pressure(압박감 속에서 일을 잘 수행한 예를 제시해 보십시오).
- Give an example of when you showed leadership qualities(리더십 자질을 보여준 사례를 들어보십시오).

좋은 답변을 하나 준비해두면 위와 같이 변형된 질문들에 대처할 수 있다. 즉, 모든 예상 질문에 대한 답을 하나하나 각각 만들기보다(사실 불가능하다) 유사한 의도가 내포된 질문들을 카테고리로 묶어서 그에 대한 답변을 만들어 적절히 활용하는 것이 전략적이다.

특정 상황(문제)에 대처(해결)하는 방법에 관한 질문

행동 인터뷰 질문은 과거를 살펴보는 데 반해, 상황 인터뷰 질문(Situational Interview Questions)은 미래에 초점을 맞추어 가상 상황(Hypothetical Situation)을 제시하거나 가설적인 질문을 한다.

즉, 상황이 '내가 경험했던 상황(과거 경험)'에서 '가상의 상황'으로 바뀌었을 뿐 STAR 기법을 적용해 구조화된 답변을 만들어내는 방식은 동일하다.

- What would you do if you made a strong recommendation in a meeting, but your colleagues decided against it(회의에서 강력한 제안을 했지만, 동료들이 반대하기로 했다면 어떻게 하겠습니까)?

- How would you handle it if your team resisted a new idea or policy you introduced(당신이 도입한 새로운 아이디어나 정책에 대해 팀이 저항한다면 어떻게 처리하시겠습니까)?

- How would you handle it if the priorities for a project you were working on were suddenly changed(당신이 작업 중이던 프로젝트의 우선순위가 갑자기 변경되면 어떻게 대처하겠습니까)?

- What would you do if the work of an employee you managed didn't meet expectations(당신이 관리한 직원의 업무가 기대에 미치지 못한다면 어떻게 하겠습니까)?

- What would you do if an important task was not up to standard, but the deadline to complete it had passed(중요한 작업이 표준에 미치지 못하지만, 완료 기한이 지났을 때 어떻게 하겠습니까)?

인터뷰 프로세스

나의 경험상 적으면 3번 많으면 5번 이상의 인터뷰가 진행되고, 인터뷰의 단계와 종류를 나열하면 다음과 같다.

① HR 리크루터의 스크리닝(Screening) 인터뷰
② 지원한 포지션의 직무를 수행하고 있는 입사 후 동료(Peer)가 될 사람과 인터뷰
③ 입사 후 상사가 될 사람(Hiring Manager)과 인터뷰
④ 밀접하게 일하는 다른 부서의 실무자, 매니저와 인터뷰
⑤ 상사의 상사(Manager of my Hiring Manager)와 인터뷰

이 외에 과제(문제)를 사전에 주고 그에 대한 자료(해답)를 만들어 발표하는 인터뷰도 있는데, 이는 직군(예를 들면 컨설턴트 그리고 사업개발 또는 사업기획)에 따라 진행 여부가 결정된다.

인터뷰 순서는 '① - ② - ③ - ④ - ⑤'가 일반적이나,

'①-③-②-④-⑤'로 사전 검증 및 전체적인 안내를 겸해 실무 인터뷰 진행 전에 Hiring Manager을 만나는 경우도 많이 있다(회사 정책에 따라 또는 면접관의 일정에 따라 순서가 결정된다).

직무에 대해 지식과 경력을 상세하게 확인하고, 경험적 및 상황적 질문으로 지원자를 검증하는 단계는 대부분 '②-③-④'에서(특히 ② 그리고 ④에서 집중적으로) 이루어진다.

헤드헌터를 통해 지원했다면 단계별 인터뷰 형식/방식에 대해 문의하고, 만약 링크드인 또는 회사의 채용 사이트를 통해 직접 지원했다면 HR 리쿠르터에게 우회적으로 조언을 구하는 방식으로 미리 대비하기를 바란다.

이제는 실천이다

1단계부터 7단계까지 기본부터 실전까지 언급하면서, 지금껏 쌓아온 외국계 이직 노하우를 아낌없이 공유했다. 이제는 책을 읽고 실천하는 사람과 그렇지 않은 사람으로 구분이 될 것이고, 그 격차는 시간이 갈수록 커질 것을 믿어 의심치 않는다. 나 또한 시장에서의 경쟁력을 유지하고 상대적 우위를 점하기 위해, 현재 가진 경쟁력과 전문성을 더욱 예리하게 가다듬으면서 동시에 새로운 무기를 찾아내 체화하기 위한 노력을 계속할 것이다.

4장

이직장인의
실전 기술,
'링크드인'

'아묻따!' 링크드인 가입하기

링크드인 가입하기

링크드인은 200여 개국 5억 명 이상이 이용하고 있는 서비스로 해외에서 이직 루트로 매우 활발히 이용되는 플랫폼이다. 반면 국내에는 이용자가 크게 활성화되지 않았으나 최근 들어 활용 빈도가 점점 늘어나고 있다. 해외 취업을 원하거나 이직을 원하는 사람이라면 반드시 링크드인을 무조건 '아묻따(아무것도 묻지도 따지지도 말고)'해야 한다. 그만큼 활용도와 효용성이 높기 때문이다. 링크드인 가입 절차는 다음과 같다(다음에 나오는 이미지들은 링크드인 홈페이지에서 캡처해 사용했다).

Step 1. 링크드인에 접속해 Join now에 가입할 계정을 선택한다

링크드인에 접속한 후 상단 오른쪽에 'Join now'를 눌러 가입할 계정을 선택한다. 이때 가입 방법은 크게 두 가지다. 기존에 사용하고 있는 구글 계정을 이용하는 것과 구글 외 이메일 또는 전화번호를 이용하는 것이다. 아래 이미지처럼 Join now를 누르면 가입 화면으로 이동한다. 아직 영어에 익숙하지 않다면, 링크드인 최하단에서 (웹페이지 끝까지 스크롤다운) 언어를 한국어로

위는 영문 버전, 아래는 한글로 번역된 상태의 링크드인 메인 페이지

변경하면 한글 사이트로 이용할 수 있다. 편의를 위해 한글 사이트 기준으로 설명을 이어 나가겠다.

Step 2. 이름 입력과 간단한 보안 인증

'성'과 '이름'을 입력하는데, 되도록 영문 이름으로 기재하기를 권한다. 로봇이 아님을 증명하기 위해 화면에 나타나는 그림의 정보를 맞추는 단계를 거친다.

Step 3. 간단한 프로필 작성

'최근 직책'을 입력하는데 이 부분도 영문으로 기재하는 것이 좋다. 영문은 단어 일부를 기재하면 아래와 같이 자동완성 기능

회원님의 최근 경력은?

채용담당자들에게 회원님의 경력을 쉽게 알릴 수 있습니다.

최근 직책 *

con

Consultant
Member of Consulting Staff
Senior Consultant
Contract Specialist
Sales Consultant
Contractor
Controller
Quality Control Specialist
Quality Assurance Quality Control
Consulting Specialist
Convenience Store Manager

링크드인에서 직책을 영문으로 검색하면 나오는 자동완성 기능 예시

을 제공한다(국문은 없음). '고용형태'와 '가장 최근에 다른 회사'를 기재한다. 가입할 때 사용한 이메일로 본인 확인을 위한 인증이 진행된다. 그리고 최근 직책은 가능하면 영문으로 기재한다.

Step 4. 구직 중이세요?

현재 구직 여부에 관한 질문에 답을 한다. 프로필에 표시되지 않으니 솔직하게 선택해도 된다.

Step 5. 어떠한 채용 공고를 찾으세요?

링크드인의 강력한 기능으로 본인이 설정한 관심 직무, 직함

링크드인에서 채용 공고를 검색할 때 나오는 페이지

을 자동으로 추천해 준다. 단, 한글로 된 직무, 직함은 인식되지 않으므로 반드시 영문으로 입력해야 한다. 예를 들어 관리자라면 'Manager'를 입력해서 해당 직함/직무를 찾아야 한다. 그리고 채용 공고 검색어는 반드시 영문으로, 본인에게 맞는 직함과 직무를 적어 검색한다.

Step 6. 채용 공고가 새로 올라오면 알림 받기

나에게 적합한 채용 공고가 올라오면 알려주는 기능으로, 알림을 받기 위해서는 무조건 '이용'으로 설정한다. '이용'을 설정할 때 본인이 설정한 직무/직함을 한 번 더 확인할 수 있다. 그리고 알람을 받기 위해서는 반드시 '이용' 설정을 해야 한다.

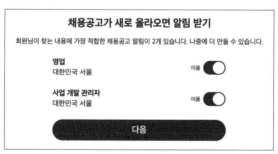

| 오른쪽에 있는 이용 부분을 클릭하면 알림 설정할 수 있다.

Step 7. 리크루터에게 이직할 의사가 있다고 밝히기

리크루터나 헤드헌터가 인재를 검색할 때 결과에 본인을 노

출할 것인지를 선택한다. '우리 회사 인사팀이 보면 어떡하지?'
하는 걱정은 불필요한 고민이다. 무조건 '이용'으로 설정한다.

Step 8. 아는 사람과 1촌을 맺으세요

대부분 재직 중인 회사에 있는 직원들이 추천되는데, 일단 '건
너뛰기'를 권한다. 프로필을 채워나가면 좋은 1촌(인맥)에게 신청

가입이 다 끝나면 '맞춤 추천'이라는 부분에 나에게 맞는 추천 제안
이 뜬다.

이 들어오니 마음을 급하게 먹지 않길 바란다.

Step 9. 회사, 사람, 해시태그 등을 팔로우해 최신 정보 받기

본인이 관심 있는 회사를 팔로우(Follow)해서 정보를 꾸준히 업데이트 받는 것이 좋다. 필요한 회사, 사람은 다음에 추가할 수 있으니 고민하지 말자.

Step 10. 마지막 단계

'다음' 버튼을 누르자마자 나에게 채용 공고가 추천된다. '검색어 제안'에서 본인이 추가로 설정하고 싶은 직함 / 직급을 선택한다. '맞춤 추천' 아래에 내가 지원할 수 있는 추천 회사가 뜬다.

플랫폼의 힘을 믿어보자

매우 간단한 10단계를 거친 것만으로도 본인과 연결할 수 있는 1촌과 더불어 적합한 채용 공고가 추천된다. 이제는 앞으로 본인이 입력하는 정보의 양과 질에 따라 추천되는 1촌과 채용 공고의 수준이 결정된다. 처음에는 고되고 지겹게 느껴질 수 있지만 일단 묻지도 따지지도 말고 하나하나 만들어보자.

링크드인에 나를 어필하는 방법 Part 1

제일 먼저 '나'를 채우자

링크드인 상단 메뉴에 나(Me)를 클릭해서 들어가면 본인에 대한 정보를 채울 수 있는 페이지가 나타난다. '어디서부터 무엇을 어떻게 해야 하지?!' 일단은 상당히 막막한 기분이 들 것이다. 자, '나'를 채우는 방법을 하나씩 떠먹여 드릴 테니 걱정하지 마시길. 다만, 씹어서 삼키는 것은 각자 본인의 몫이니 차근차근 성실히 따라와 주길 바란다.

메뉴 'Me'에서 본인 정보를 기재하는 항목은 '① 전체 공개용 프로필 및 URL 수정', '② 외국어 프로필 만들기', '③ 소개말 수정', '④ 프로필 항목 등록' 이렇게 총 네 군데다. 편의상 순서를 정했지만, 어떤 것을 먼저 수정하더라도 무방하다.

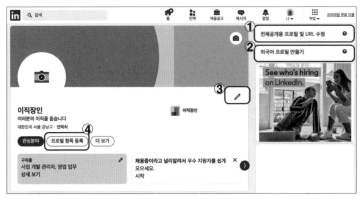

| 링크드인에 가입한 후 로그인하면 뜨는 메인 페이지

Step 1. 전체 공개용 프로필 및 URL 수정

전체 공개용 프로필은 내가 아닌 다른 사람이 내 링크드인에 접속했을 때 보이는 화면으로, 처음에는 채워진 정보가 없으므로 본인의 이름과 간략한 프로필 정도만 표시될 것이다.

제일 먼저 변경이 필요한 부분은 메뉴 항목에 있는 'URL 수정'이다. 설명을 위해 새롭게 생성한 내 부캐(부캐릭터)의 링크드인 주소는 'www.linkedin.com/in/장인-이직-4821b3260'이다. 이처럼 홈페이지 주소 뒤에 문자와 숫자로 조합된 URL이 자동 생성된다.

비즈니스 세상에서 이메일이 본인의 신원(Identity)이 되는 것과 같이 이력서에 입력되는 링크드인의 주소도 그 연장선에 있다. 따라서 연필 모양 아이콘을 클릭해 '이직장인'이라는 나만의

| 프로필 설정 페이지

아이덴티티를 표현하기 위해 'https://www.linkedin.com/in/
newcareers/'로 URL을 변경했다. 여기서 주의할 점은 이력서에
넣는 이메일 주소에 외국인이 봤을 때 이상하다고 느끼는 단어
를 사용하지 않도록 명심하는 일이다.

이어서 '공개범위 변경'은 프로필 정보를 어느 수준까지 공개
할지를 정하는 옵션인데 구직자 입장에서는 리쿠르터나 헤드헌
터가 나에 대해 이해할 수 있도록 되도록 많은 정보를 보여주는
것이 유리하다. 다만, 프로필의 완성도가 높아지는 시점에 공개
할 것인지 또는 그와 무관하게 일단 공개해 둘 것인지만 결정하

면 될 듯하다.

Step 2. 외국어 프로필 만들기

독자들이 따라오기 쉽도록 편의상 한글을 사용하고 있지만, 본래의 목적은 외국계 회사로의 이직이므로 국내는 물론 해외에 있는 리크루터나 헤드헌터에게 본인을 최대한 노출해야 한다. 그래서 나라는 상품을 광고하는 한 줄 카피인 '한 줄 프로필'이 중요하고 한국어는 물론 영어로도 작성해야 한다.

내 부캐 '이직장인'의 링크드인은 지금까지 한글 사이트에서 한글로 '이름과 성', '한 줄 프로필'이 작성되었으므로, 새 프로필

| 프로필 메뉴 화면으로 한글과 영어 모두 작성하는 것이 좋다.

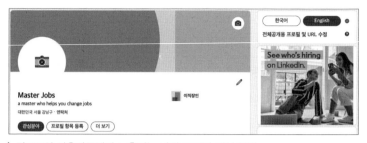

의 언어는 영어로 설정해 작성했고 노출되는 결과는 위의 이미지와 같다. 'https://www.linkedin.com/in/newcareers/'에 들어오는, 즉 내 프로필을 조회하는 사람이 선호하는 언어에 따라서 내 프로필이 한글 또는 영어로 표시된다.

Step 3. 소개말 수정

이미 Step 2 과정을 통해 영어 소개말은 작성 완료했으니, 그와 동일하게 한국어(기본 프로필)로 소개말을 작성하면 된다. 학력은 본 메뉴에서 입력해도 되고, '나(Me)'로 돌아가서 입력할 수도 있으니 개인의 편의에 따라 업데이트하면 된다. 1차로 준비해둔 국문 이력서 기반으로 한국어로 작성한 후 저장하고, 다시 영어로 학력을 입력한다. 그래야 외국인이 본인을 조회했을 때 영어로 된 프로파일을 보여줄 수 있다.

그리고 사소하지만 중요한 부분이 '인맥에게 알리기' 기능인데, 일단 본인의 정보를 모두 완성도 있게 업데이트할 때까지는 해당 옵션을 '꺼짐(Off)'으로 설정해두길 권한다. 그렇지 않으면 학력과 경력 사항, 자격증에 대한 정보를 수정할 때마다 나의 1촌이 매번 알림(Notification)을 받게 되어 본의 아니게 민폐를 끼칠 수 있다.

모방은 창조의 어머니

지금까지 워밍업 단계였지만 이제는 다양한 사람의 링크드인 페이지(가급적 외국인)에 들어가서 본인을 어떻게 홍보하고 있는지, 문장을 어떤 식으로 썼는지를 파악하고 모방할 대상을 수집하면서 머리를 식히자. 이제 9부 능선을 넘었으니 조금만 더 힘을 내자. 고지가 멀지 않다!

중간 점검: 잘 따라오고 계신가요

아무것도 하지 않는 것 vs 부족해도 뭐든 해보는 것

'완벽하지 않은 영어 실력인데 업데이트하는 것이 도움이 될까'라는 의심 또는 '나중에 필요해지면 한 번에 몰아서 하자'라는 귀차니즘을 겪고 있는 독자들이 상당히 많을 것으로 추측된다. 그래서 잠깐 쉬어 가며 그에 대한 나의 생각을 나누는 것이 필요한 시점이 되었다. 일단은 '아무것도 하지 않는 것보다 부족하더라도 뭐든 해보는 것이 맞다'라는 말을 해주고 싶다.

나는 동기부여와 관련된 책이나 동영상을 선호하지 않는다. 왜냐면 동기부여 콘텐츠를 보는 데 한두 시간을 소비하고는 책상에 앉아 내 문제를 풀고 과제를 실행하는 데 30분도 투자하지 않는 경우를 허다하게 목격했기 때문이다.

콘텐츠를 보고 나면 소위 '뽕'이 차올라 뭐든 할 수 있을 것 같지만, 목적지에 도달하기 위한 과정은 험하고 지루하며 힘들다. 결과적으로 그러한 콘텐츠를 만드는 사람들은 돈을 벌면서 또 다른 콘텐츠를 생산하기 위한 '동기부여'가 되고 더 큰 부를 쌓지만, 정작 동기부여 콘텐츠만 소비하고 실천하지 않는 모니터 앞 누군가는 현재 상태만 유지하거나 더 가난해진다. 어처구니없지만 이것이 현실이다.

가장 좋은 동기부여는 자기 자신의 성취

이 책을 읽는 여러분이 가져야 할 이미지는 좋은 조건으로 외국계 기업에 합격해서 환하게 웃고 있는 본인의 모습 단 하나다. 그 이상의 동기부여는 없다.

지금까지 눈으로만 읽어왔다면 다시 앞으로 돌아가 이력서를 작성하고 링크드인에 가입해서 프로필을 채우는 작업, '이렇게 한다고 진짜 뭐가 되나?', '지루하고 막막하네'라고 느끼는 지난한 작업을 매일 10분씩 투자해서 본인의 손으로 직접 만들어보길 간절히 소망한다. 그리고 별것 아닌 그 10분이 모여서 그럴듯한 나만의 링크드인이 만들어지는 성취감을 맛보았으면 한다.

1년 365일 동안 아무것도 하지 않는다면 어떠한 변화도 없지만, 하루 일부를 쪼개서 1년간 꾸준히 노력한다면 예상했던 것보다 훨씬 성장한 자신을 발견할 수 있을 것이다. 나 또한 성장하기 위해 게으른 나 자신을 자책하고 채찍질하며 매일매일을 채워나가고 있다. 불확실한 미래와 결과에 관한 생각은 잠시 멈추고, 일단 무엇이든 조금씩 꾸준히 실행하자.

링크드인에 나를
어필하는 방법 Part 2

'나(Me)'를 빈틈없이 채우자

이전 'Part 1' 내용을 통해 ①~③번까지 작성한 당신을 축하한다. 이제 남은 ④번은 이력서에 있는 내용을 복사해 링크드인 양식에 맞추어 붙여넣는 작업이라 해도 무방하다.

본격적으로 '프로필 항목 등록'에 들어가기에 앞서 사진 등록을 하면서 가볍게 몸을 풀어보자. 사진을 등록할 수 있는 공간은 오른쪽 이미지에서 보이듯 프로필 사진(A)과 배경 사진(B)이다.

Step 1. 프로필 사진 등록

화면 우측 '아는 사람 찾기'에 있는 4명을 보자. 홍길동, 유재석이 가장 무난하게 추천할 만한 사진으로 한번 클릭해서 프로

| 메뉴 'Me'에서 핵심은 ④프로필 항목을 등록하는 일이라고 해도 과언이 아니다.

필을 확인해 보고 싶은 생각이 든다. 반면, 김영수와 김영식은 계정만 만들어 두고 프로필 관리를 제대로 하고 있지 않은 유령 세정 같은 느낌을 준다.

반복적으로 이야기하지만, 채용 플랫폼은 나라는 '상품'을 진 열하고 광고하는 장소다. 채용 담당자와 헤드헌터에게 준비된 인재라는 프로페셔널한 이미지, 인간적으로 호감을 줄 수 있는 사진을 선정해서 게시하자.

무난하게는 증명사진이 있을 것이고, 일상에서 찍은 인물 중심의 사진도 괜찮다. 본인의 인물이 잘 표현된 가장 좋아하는 일상 사진인데 주변 인물이나 배경이 있다면 'Remove.bg' 같은 무료 누끼따기 사이트를 활용해서 본인만 추출하고 배경을 단색으로 설정하면 된다.

Step 2. 배경 사진 등록

링크드인에 있는 사람을 10명 정도 찾아보면 7~8명 이상은 기본 설정 그대로 비워 두었는데, 개인적으로 나 자신을 시각적으로 어필할 수 있는 좋은 공간으로 활용하고 있다. 예를 들어, 나는 본캐(본래 캐릭터) 링크드인 배경 사진을 '공개적인 장소에서 연설하는 사진'으로 설정해서 '숙련된 발표자'라는 이미지를 전달하고자 했다. 독특함보다 무난함을 추구한다면 본인이 재직하고 있는 회사의 캐치프레이즈가 담긴 로고를 설정하는 것도 '소속된 회사에 로열티가 있는 사람'이라는 느낌을 주는 방법이라고 생각한다.

'같은 값이면 다홍치마'라는 말이 있듯이 상세 스펙 못지않게, 아니 때로는 상세 스펙보다 더 큰 영향력을 미치는 것이 시각적 이미지다. 본인이 만들어 나가는 링크드인 프로필 공간 또한 본인의 정체성을 보여줄 수 있도록 최대한 채우고 활용하길 바란다.

Step 3. 프로필 항목 등록(기본)

'프로필 항목 등록' 메뉴는 채워야 할 프로필 정보들을 한곳에서 확인할 수 있는 장소다. 즉, 사용자들의 편의를 위해 제공된 메뉴이며 반드시 '프로필 항목 등록'을 통해서만 정보를 입력할 수 있는 것은 아니고, '나(Me)' 페이지에서 개별적으로 업데이트할 수 있다. '나(Me)'에서 프로필 사진을 업데이트하는 방법은 이미 설명을 마쳤고, 나머지도 차근차근 정보를 채워보자.

설명에 앞서 다시 한번 강조하고 싶은 부분은 영문 프로필 부

| 프로필 항목 등록 카테고리를 누르면 나오는 페이지

분이다. 국문 이력서는 준비되어 있으니 이력서 정보를 한글 프로필에 그대로 채워 넣을 수 있다. 1장부터 3장까지 잘 따라온 독자라면 영문 이력서 또한 준비되어 있으니 걱정할 것이 없지만, 만약 영문 이력서가 준비되지 않은 상태라면 구글 번역기(또는 파파고)를 이용해 한글 프로필을 영문으로 번역해 '일단은' 영문 프로필까지 완성하자.

먼저 첫 번째 정보 등록 (간단 프로필)을 하고, 3장에 나와 있는 영문 이력서 샘플에서 'PROFESSIONAL ACHIEVEMENTS'에 해당하는 부분을 작성하자. 본인에 대해 전반적으로 아우르면서 어필할 수 있는 경력과 지식을 3~5개 정도 불릿 포인트로 요약해 기재하면 된다. 영작에 자신이 있다면(또는 ChatGPT를 활용해서) 3~5개 문장으로 서술하는 것도 좋다.

세 번째 학력 사항(학력 입력)을 등록하자. 이력서에 기재된 내용을 그대로 옮겨 적어 한국어 프로필을 작성한 후에, 영어 프로필도 완성하면 된다. 학교, 학위, 전공, 입학일과 졸업일까지 채우는 것이 일반적이며, 그 외 본인이 어필하고 싶은 내용이 있다면 추가로 기재한다.

추가로 대학원 학력이 있다면, 대학교 정보를 저장한 후에 다시 학력 입력을 열어서 대학원 정보를 업데이트하면 된다. 입력이 모두 완료되면 이후 '학력' 메뉴에서 내용을 수정하거나 필요시 순서를(대학원-대학교 순으로 하는 것이 좋다) 조정할 수 있다.

학력 입력

한국어(기본 프로필)   영어

인맥에게 알리기
새 학력 등 프로필 변경 사항을 인맥들에게 알리려면 설정하세요. **프로필 변경 사항 공유에 대해 자세히 알아보세요.**   꺼짐

* 필수

학교*

예: 한양대학교

학위

예: 학사

전공

예: 경영학

입학일

월   연도

졸업일(예정)

월   연도

학점

동아리나 학회

예: 산악 동아리, 정치 사회 연구회

저장

| 학력을 입력하는 페이지

자, 이제 다음은 경력 사항을 기재하자. 첫 번째로 직책 등록 (경력 입력) & 경력 휴식기를 학력 사항과 동일하게 이력서 내용을 기재하면 된다. '설명'란에 해당 회사에서 맡은 업무와 달성한 업적/실적 정보를 간략히 기술하자. 여러 회사를 입력했다면(최근 근무지가 위에 표시되도록) 현재 근무 중인 회사에 '현재 이 업무로

경력 입력

×

한국어(기본 프로필)   영어

인맥에게 알리기
새 직장 등 프로필 변경 사항을 인맥들에게 알리려면 설정하세요. 설정이 적용되는 데 최대 2시간이 걸립니다. 프로필 변경 사항 공유에 대해 자세히 알아보세요.

꺼짐 ⬤

* 필수

직함*

예: 소매관리자

고용 형태

선택하세요   ▼

고용형태에 대해 자세히 알아보세요.

회사이름*

예: 네이버

지역

예: 대한민국 서울

지역 종류

선택하세요   ▼

지역 선택(예: 재택)

☑ 현재 이 업무로 근무 중

시작일*

월   ▼   연도   ▼

종료일*

일   ▼   연도   ▼

☐ 현재 직책 종료 - 대표 at 이직장인

업계*

컴퓨터 소프트웨어

업계가 반영된 추천을 더 많이 받을 수 있습니다.

업계 옵션에 대해 자세히 보기

설명

0/2,000

프로필 한줄프로필

여러분의 이직을 돕습니다

프로필 상단에 회원님의 이름 아래에 표시됩니다.

보유기술

업무에 해당하는 상위 5개 보유기술을 입력하면 좋습니다. 보유기술 섹션에도 표시됩니다.

(+ 보유기술 입력)

저장

| 내가 가진 경력, 보유 기술을 기재하는 페이지

근무 중' 부분을 체크해 주고, 근무했던 회사의 내용과 순서 변경이 필요한 경우는 이후 '경력 사항' 메뉴에서 조정해 준다.

두 번째, 보유 기술을 등록하자. 채용 담당자와 헤드헌터가 인재를 검색할 때 입력하는 키워드다. 본인의 경력/학력 그리고 스킬을 기반으로 입력한다.

단어 일부를 입력하면 다양한 키워드가 연관 검색되어 나온

보유기술 입력   ✕

보유기술*

| 사업 |

사업전략

사업개발

사업발굴

사업기획

국제 사업 개발

사업연속성

사업 운영

청소년 사업

재택 사업

이 보유기술을 어디에 입력할지 알려주세요.

이 보유기술이 적용되는 항목 선택

경력 사항

☐ 이직장인 대표

학력

☐ 고려대학교

저장

| 보유 기술 입력할 때는 연관 검색어를 활용하자.

경력 사항 + /

대표
이직장인 · 자영업/개인사업
2022년 12월 - 현재 · 4개월
대한민국 서울
보유기술: 사업개발

| 선택한 보유 기술이 반영된 경력 사항 페이지

다. 검색어 중에 선택하면 되고, 해당 보유 기술을 반영할 회사 또는 학력을 선택한다. 해당 경력/학력에 해당하는 보유 기술은 최대 5개 선택할 수 있다.

Step 4. 프로필에 추가: 기본 외 추천/추가와 관련된 부분

'추천' 메뉴에서 채워야 할 부분은 '자격증/수료증'이고, 이후 함께 근무했던 선후배와 1촌을 맺게 된다면 '추천서'를 부탁해 업데이트할 수 있을 것이다.

최근 허위 경력이 사회적 문제가 되고 있기 때문에 링크드인에 기재된 자격증/수료증 역시 100% 신뢰하기 어려울 수 있다. 이러한 의구심을 해소하고자 해외에 기반을 둔 시험기관 그리고 교육기관은 자격증/수료증을 발급할 때 링크드인에 사실임을 증명할 수 있는 링크를 제공해 본인이 등록한 자격증/수료증이 허위가 아니라는 것을 증명할 수 있다.

다음 페이지에 나와 있는 이미지는 마이크로소프트 시험을 통과해 발급받은 자격증과 HBS Online 그리고 Coursera에서

Edit license or certification   ×

* Indicates required

Name*

Business Analytics

Issuing organization*

■ Harvard Business School Online

☑ This credential does not expire

Issue date

January ▼ | 2021 ▼

Expiration date

Month ▼ | Year ▼

Credential ID

Credential URL

https://www.michaelsutter.com/ediploma?fn=diplomastatuscheck&key=0200000041ab8d0cfcda1ac0f93(

Delete license or certification   **Save**

| 수료증 등록하는 페이지

발급받은 수료증이 등록된 화면이다. 예를 들어, HBR Business Analytics 과정을 마치면서 제공한 수료증 정보와 Credential URL을 기재하고 저장하면, 해당 수료증에 'Show credential' 버튼이 생성된다. 버튼을 클릭하면 HBR 공식 웹사이트에서 수료증이 성식으로 발급된 것임을 확인할 수 있다.

이 기능의 순기능은 크게 두 가지인데, 구직자는 본인이 꾸준하게 자기 계발을 하는 사람이라는 것을 알릴 수 있다는 것이고,

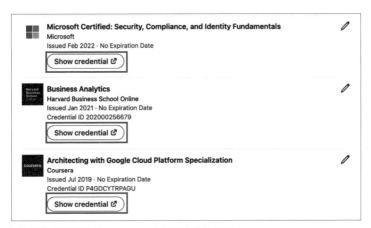

| 등록된 수료증에 Show credential 버튼 생성 예시

| 공식 사이트로 연결되어 Credential을 확인할 수 있다.

채용 담당자와 헤드헌터는 본인이 찾은 인재가 링크드인에 기재한 내용의 진위를 손쉽게 파악할 수 있다는 점이다.

추천서의 경우 '겸양의 미덕'을 강조하는 우리나라에서는 익숙하지 않지만, 추천이 꼭 필요하다고 생각된다면 주변에 링크드인을 적극적으로 사용하는 선후배 그리고 동료들에게 용기를 내서 글을 부탁하는 것도 좋을 것이다.

링크드인
실제 활용법

채웠다면 활용하자!

프로필을 충실하게 채웠다면 1촌 추천이나 1촌 신청을 받게될 것이고, 본인 프로필과 미리 설정해둔 검색어를 기반으로 채용 공고가 추천된다. 시간을 투자해서 한번 제대로 채워두면 이제부터는 링크드인이 24시간 본인을 위해 일하면서 인맥을 넓혀주고, 좋은 일자리도 추천해 주는 것이다. 이것이 링크드인의 힘이고 이러한 플랫폼의 힘을 적극적으로 활용해야 한다.

기본적으로 제공하는 기능도 강력하지만, 보다 적극적으로 구직활동을 하고 싶다면 프리미엄 기능을 활용하는 것을 권한다. 내가 도움을 받았던 기능을 간략히 소개할 테니 한 달에 커피 서너 잔 줄이고 꼭 한번 사용해 봤으면 한다.

링크드인 커리어 멤버십

링크드인 상단 메뉴 오른편에 '프리미엄 무료 이용' 금빛 문구를 확인할 수 있다.

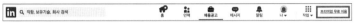

| 링크드인 상단 메뉴

클릭하면 적합한 멤버십 추천을 위한 몇 가지 질문이 있는데, 먼저 '구직자'를 선택하고 다시 '지원자 비교'를 선택하면 대부분 '커리어'와 '비즈니스' 두 가지가 추천된다. '커리어' 자세히 보기를 클릭하자.

다음 이미지는 커리어를 선택했을 경우 나오는 화면으로, 커리어 멤버십에서 제공하는 여러 기능 중 가장 큰 효능감을 느꼈

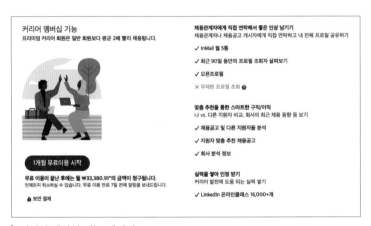

| 커리어 멤버십 기능 페이지

던 것은 아래와 같다.

최근 90일 동안의 프로필 조회자 살펴보기

기본 기능은 내 프로필을 조회한 사람을 모두 보여주지 않는다. 멤버십 가입을 하면 내 프로필을 조회한 사람을 모두 확인할 수 있기 때문에, 필요한 경우 1촌 신청하거나 InMail을 보내 인맥을 확대할 수 있다.

채용 공고 및 다른 지원자들 분석

관심 있는 채용 공고에 몇 명의 지원자가 있고, 내가 얼마나 경쟁력이 있는지 알고 싶다면 멤버십 가입 즉시 추천된 채용 공고를 누르면 아래와 같은 정보가 제공된다. 그리고 지원자들의 직급/연차 수준과 보유 스킬까지 알려주니 이 얼마나 훌륭한가!

링크드인 온라인 클래스

링크드인 러닝(LinkedIn Learning)의 모든 콘텐츠는 아니지만, 대략 16,000개 정도의 수업을 수강할 수 있다. 단언컨대 이 정도의 수업으로도 충분하다고 본다.

원하는 교육을 통해 스킬업(Skill-Up)하는 것도 중요하지만, 더 도움이 되는 부분은 영어 인터뷰 대비다. 목표로 하는 회사와 직무에 맞는 수업을 수강하고 출퇴근 시간을 이용해서 틈틈이 귀

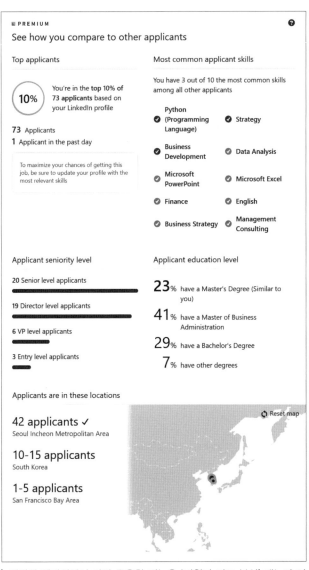

커리어 멤버십에서 가장 유용한 기능은 '지원자 비교 분석' 메뉴가 아닐까 생각한다.

에 익히고 머리에 쌓아 두면 큰 도움이 된다. 링크드인 러닝 앱을 핸드폰에 설치해서 상시 이용할 수 있다.

한 달 무료 사용 후 매월 33,380원이라는 비용은 학생에게는 부담이 될 수 있지만 직장인이라면 이 정도 투자는 무리가 없을 것으로 생각하고, 위에 나열한 기능을 적극적으로 활용한다면 본전을 뽑고도 남는, '혜자스러운' 가성비를 얻을 수 있다.

특히, 지원자 비교 분석은 링크드인이 아닌 다른 곳에서는 돈을 주고도 살 수 없는 값진 정보다. 한 번에 합격한다면 금상첨화지만, 불합격하더라도 본인이 어느 부분을 보강해야 하는지 알 수 있다면 실패를 최소화할 수 있다. 좀 더 긴 호흡으로 보면, 본인의 커리어에 대한 로드맵을 그리기 위한 밑바탕을 제공해 주는 것이다. '소탐대실', 적은 돈을 아끼다가 큰 기회를 잃는 우를 범하지 말자. 적어도 본인이 원하는 외국계 기업에 합격할 때까지는.

5장

이직 필살기,
'피플앤잡' &
'글래스도어'

피플앤잡, 첫 공략법으로 글로벌 인재 되기

10년 만기 장기국채에 투자하듯

피플앤잡은 외국계 기업 취업의 전통 강자다. 나에게 처음 연락하는 헤드헌터에게 "어디에서 제 프로필을 확인하셨나요?"라고 물으면 십중팔구 "피플앤잡에서 보고 연락드립니다"라고 대답할 정도로 오랜 역사를 가진 외국계 기업에 특화된 취업 전문 사이트다.

국문/영문 이력서가 준비되어 있고 링크드인에 본인 페이지를 만들었다면, 1시간 미만의 노력으로 피플앤잡 가입과 이력서 등록을 완료할 수 있다. 나의 경험상 일단 이력서를 등록해두면 분기에 한두 번꼴로 헤드헌터에게 연락받을 수 있는 플랫폼이니, 연이율 4.5% 10년 만기 장기국채에 투자한다는 마음으로 인내를 갖고 활용하기를 바란다.

Step 1. 피플앤잡에 접속해 '회원가입'

피플앤잡 사이트에 접속해 우측 상단 '회원가입' 버튼을 누르면 아래와 같은 화면을 볼 수 있다. '개인 회원'에서 본인이 선호하는 방식을 선택하고, 이후 화면에서 나오는 질문에 간단히 답을 하면 가입이 완료된다. (다른 플랫폼에 비하면 물어보는 질문이 적어서 가입 절차가 매우 간소하다.)

| 회원가입을 누르면 나오는 페이지

Step 2. 이력서 관리

'회원가입'을 완료하면 '개인 회원 가입이 완료되었습니다'라는 메시지와 함께 '이력서 등록'과 '개인 회원 홈'이라는 카테고리를 확인할 수 있다. '이력서 등록'을 선택해 '이력서 관리' 페이지로 들어가 프로필 정보를 등록한다.

'헤드헌팅 희망'은 '거부'를 제외한 모든 박스에 체크를 하자(향후 연락이 오면 필터링해도 된다). '이력서 조회 제한'은 본인이 재직한 회사 인사팀에서 검색당하는 것이 마음에 걸리거나, 특정 회사에 노출되고 싶지 않다면 '신규 회사명을 입력하세요' 메시지가 있는 칸에 회사명을 입력하고 등록 버튼을 누른다(영문, 국문 모두 가능). 예를 들어, 마이크로소프트, 오라클 이렇게 2개의 회사를

| 이력서 관리에 들어가면 보이는 페이지

입력하고 등록 버튼을 누르면 아래와 같이 등록이 완료된 것을 확인할 수 있다.

또한, '검증' 버튼을 눌러서 조회 제한이 걸려있는 회사 목록을 볼 수 있다. 재미있는 부분은 영문으로 회사명을 입력해도 그와 대응되는 국문 회사명을 자동으로 찾아서 이력서 조회 제한 리스트에 추가해 준다는 것이다(국문으로 넣어도 그와 연결되는 영문 회사명을 제한해 준다). 이력서 사진은 링크드인에서 사용한 프로필 사진을 그대로 활용하면 된다(필수사항은 아니다). '저장'을 하고, 아래 '국문 이력서 등록'을 진행한다.

| 원하는 회사명을 등록하면 이력서 조회 제한 기능을 사용할 수 있다.

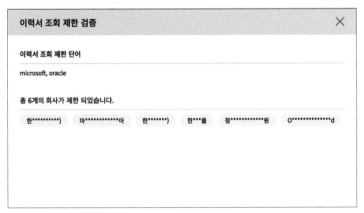

| 이력서 조회 제한 검증 페이지

Step 3. 국문 이력서 등록

피플앤잡은 국문 이력서 등록이 기본 요구 사항으로, 그 후에 영문 이력서 및 파일 이력서를 등록할 수 있다. 입력해야 하는 내용은 링크드인과 크게 다르지 않지만, 메뉴별로 중요한 부분을 간략히 짚어보도록 하겠다.

첫 번째로는 상단에 있는 '이력서 키워드'다. 인사 담당자와 헤드헌터에게 보이는 이력서 제목으로 본인의 강점을 단어 위주로 표현하면 된다(마이크로소프트 사업 개발, 액센추어 컨설턴트, 기술 영업 15년 등과 같이). 두 번째는 '개인정보'로 국문 이력서 내용과 동일하게 기재한다. 이력서 공개 여부는 당연히 '공개'로 체크한다.

세 번째 '희망 취업 조건'은 '희망 취업 직종' 최대 2개, '희망 취업 업종' 최대 2개를 선택하게 되어 있다. 네 번째로 '전체 보기' 버튼을 누르면 선택할 수 있는 직종/업종이 나타나고, 본인의 직종/업종에 맞는 박스에 체크한다.

다섯 번째로 '희망 직급'은 현재 직급보다 한 단계 높은 직급으로 (당연히 본인의 선택이지만, 이직의 가장 큰 동기부여는 승진과 연봉 인상이므로) '희망 연봉'은 일단 '협상 가능'으로 기재하자. 여섯 번째인 '경력 사항'은 국문 이력서 내용과 동일하게 기재한다(현재 근무하는 회사가 최상단에 오도록). 일곱 번째 '학력 사항, 대학교/대학원'은 국문 이력서 내용과 동일하게 기재한다. 여덟 번째 '자기소개'는 이력서와 링크드인에서 작성한 내용을(나를 표현/어필할 수 있는 내

국문 이력서 수정

이력서 키워드

이력서 키워드 * ⓘ   이직장인, 이직 상담, 이직 컨설팅, 이력서 작성, 링크드인 계정, 인터뷰 가이드, 모의 인터뷰

개인 정보

이름 *   이직장인

이메일 *   이메일
☑ 회원정보 이메일 함께 수정

연락처1 *   +82 Korea, South   ﹀   ﹨﹨
☑ 회원정보 연락처1 함께 수정

출생년도 *   출생년도 ﹀

성별 *   ⦿ 남   ⚬ 여

이력서 공개 여부 *   ⦿ 공개 : 기업/헤드헌팅 회사에 이력서를 공개합니다.
                    ⚬ 비공개 : 이력서를 비공개합니다.

희망 취업 조건

희망 취업 직종 *   ✕ Consulting & MBA   ✕ Education   전체보기

희망 취업 업종 *   ✕ Education   ✕ Consulting   전체보기

커리어 수준 *   인턴십.2년이내   사원.5년이내   대리과장.5년이상   팀장.부장.10년이상   ⦿ 임원
                CEO

희망학급 *   임원

희망연봉 *   협상가능

근무 가능 시항   즉시   1개월이내   1-3개월   3개월이상   ⦿ 협상가능

경력 사항 추가 최대 20개

학력 사항

고등학교명 *   예) ○○고등학교

고등학교 졸업년도 *   [년] ﹀

대학교/대학원 추가 최대 5개

어학 추가 최대 3개

해외연수경험 및 체류경험 추가 최대 3개

특기 사항 등록상 최대 5개

특기   특기   ⊖ ⊕

자격증   자격증   ⊖ ⊕

과외,단체활동   과외,단체활동   ⊖ ⊕

자기 소개

    B i U Aʌ ⊧ ≡ ≡ ≣ ↔ ⌸ ▭ ᴴ ↶ ↷ ⋮

    • 이직후 삶의 변화를 돕습니다
    • 외국계 기업 이직을 원하는 직장인들, 나에게 오라

자기 소개 *

                                                        Characters : 42

    이력서 수정   취소

| 국문 이력서를 등록하는 페이지

184

용을 불릿 포인트 3~4개로 정리한 것) 그대로 기재한다.

그 외 메뉴(어학, 해외연수 경험 및 체류 경험, 특기 사항)는 필수 요건은 아니지만, 본인의 강점으로 어필할 항목이 있다면 기재한다. 기재된 내용을 확인하고 업데이트가 필요한 부분이 있다면 '수정' 버튼을 누르고, 특이사항이 없다면 메인 화면(좌측 상단 보라색 'peoplenjob' 클릭)으로 나온다.

Step 4. 파일 이력서 등록

국문 이력서 등록을 완료하면 피플앤잡 메인 화면 우측 본인 ID 아래에 '이력서 1'로 업데이트된 정보를 확인할 수 있다. '이력서' 글씨를 클릭해서 다시 '이력서 관리' 화면으로 들어간다.

이력서 등록과 개수를 확인할 수 있다.

'영문 이력서 등록'은 선택 사항인데, 링크드인과 다르게 피플앤잡의 사용자는 대부분이 한국인이기 때문이다. 따라서 '영문 이력서 등록'에서 수작업으로 정보를 기재하는 것보다는 '파일

이력서 등록'을 통해 영문으로 된 이력서 파일을 첨부로 올려 두는 것이 더 간단하지만, 훨씬 효과적인 방법이다.

'파일 이력서 등록' 버튼을 누르면 위 '국문 이력서 등록'에서 본 것과 비슷한 화면이 나타난다. 이력서 키워드는 '국문 이력서 등록'과 동일한 내용을 기재하고, 본인의 국문 그리고 영문 이력서 파일을 업로드한 후에 '파일 이력서 등록' 버튼을 누른다.

아날로그적이지만 실용적인 플랫폼

링크드인이 자동화된 직무 추천과 회사/직무 검색의 편의성을 제공하는 것과는 다르게, 피플앤잡은 조금은 투박한 UX(사용자 경험)와 원하는 회사/직무를 하나하나 찾아봐야 하는 아날로그적 감성을 갖고 있는 플랫폼이다. 프로필을 등록한 후에 반응이 즉각적으로 나타나지는 않지만, 은근하고 꾸준하게 헤드헌터로부터 연락받을 수 있기 때문에 절대적으로 활용해야 하는 곳이다.

피플앤잡 활용법을
통한 이직 성공

채용 공고 찾아보기

피플앤잡을 통해서 본인이 관심 있는 회사에 대한 채용 공고를 찾는 방법은 크게 두 가지다(다음 페이지 이미지 참고).

첫 번째는 홈페이지 상단 메뉴바(Menu Bar)에 있는 '채용 공고'에 들어간 다음, 검색창에 검색어를 입력하는 것이다. 그런데 경험상 정확도가 높지는 않았다. 특정 회사를 검색할 때는 링크드인이나 해당 회사의 채용 사이트에서 채용 공고를 확인하는 것을 추천한다.

두 번째 방법은 '채용 공고' 항목에 들어가면 나오는 우측의 다양한 항목별 채용 공고를 이용하는 것이다. 이는 피플앤잡의 강점으로, 최근 채용 트렌드를 바로 확인할 수 있다. 특히 '직종별

| 피플앤잡에서 채용 공고 찾는 방법

| 여덟 가지로 나뉘어 보이는 직종별 채용 공고

도,소매업 638	광고,방송,언론 128	무역,유통 393	건설,토목 52
광업 3	고무,플라스틱 24	공공 13	교육,연구,개발 187
금속,비금속,철강 21	기계,조선 95	리서치 58	마케팅 159
법률,회계,특허 108	보험,단자,증금 62	부동산,주택,건축 66	인터넷 481
섬유,의류,신발 153	전기,전자 359	식품 113	에너지,가스,수도,전기 72
오락,문화,스포츠 66	의약,제약 343	화장품,코스메틱 125	운수,창고,운송용기기 58
은행 36	자동차 141	컴퓨터 212	컨설팅 230
석유 16	목재,펄프,종이 8	농림 13	음식점 5
증권 30	호텔,숙박업,여행 40	의료기기 94	화공 124
출판,인쇄 25	항공 13	요업	비료
수산	용역,인력알선 22	기타 232	기타 제조업 226

| 업종별로 보는 채용 공고

'채용 공고'는 크게 여덟 가지 카테고리(사무관리직, 영업직, 기술직, 연구개발, 서비스/고객지원/유통, 전문직, 인터넷, 정보통신/전자/전산)와 그에 따른 하위범주로 구성되어 있고, 업종별 채용 공고는 44개의 카테고리를 제공한다.

대부분 직종과 업종을 포괄하고 있기 때문에, 본인이 관심 있는 분야의 채용 공고를 타기팅(Targeting)해서 찾을 수 있을 뿐만 아니라 최근 채용 트렌드를 한눈에 파악할 수 있다.

알아두면 쓸모있는 정보를 모아둔 공간

피플앤잡 홈페이지 상단에 보면 찾을 수 있는 '커리어 센터'는 '피플앤잡컬럼'과 '외국기업 Q&A' 정보가 있는 공간이다. '피플앤잡컬럼'은 외국계 기업 취업 준비를 위해 알아야 할 기본적인 정보들이 짧은 칼럼으로 업로드되어 있다. 작성된 일자가 오래

| 피플앤잡의 커리어 센터 내 '피플앤잡컬럼'과 '외국기업 Q&A'

되기는 했지만, 시간이 지나도 변하지 않는 원칙들이 있어서 가벼운 마음으로 읽어보길 권한다.

'외국기업 Q&A'는 외국계 기업 관련해 궁금한 부분을 묻고 피플앤잡 담당자로부터 간단한 답을 받는 메뉴다. 나는 활용해본 적이 없지만, 만약 외국계 기업에 지인이 없는 사람이라면 도움이 될법한 소통 장소다.

이 외에도 우측 메뉴에서 '외국기업 취업전략'에서도 '피플앤잡컬럼'과 유사하게 알아두면 좋은 정보들이 수록되어 있다. 위에서 이야기한 대로 작성일자는 오래되었지만, 무료인 점을 고려하면 한 번쯤 읽어볼 가치가 충분한 정보이므로 스쳐 지나가

190

번호	분류	제목	이름	등록일	조회
29	외국기업 채용관행	헤드헌팅 공고에 채용하는 기업의 정보가 전혀 없는데 믿어도 될까요?	피플앤잡	2016.03.07	3401
28	외국기업 취업준비	화장품 회사 취업	피플앤잡	2012.10.20	5681
27	외국기업 취업관…	인재파견업체	피플앤잡	2006.07.22	9839
26	외국기업 취업관…	써치펌(Search Firm)	피플앤잡	2006.07.22	21622
25	영어면접 요령	면접에 대한 공포를 떨쳐버리는 방법	피플앤잡	2006.07.22	13369
24	영어면접 요령	면접에 100% 떨어지기 위한 방법	피플앤잡	2006.07.22	18553
23	영어면접 요령	영어면접 예상질문	피플앤잡	2006.07.22	23698
22	영어면접 요령	영어 인터뷰 현장	피플앤잡	2006.07.22	13476
21	영어면접 요령	면접의 정의/인터뷰 준비	피플앤잡	2006.07.22	25912
20	영문이력서 작성법	Cover Letter	피플앤잡	2006.07.21	25070
19	영문이력서 작성법	샘플 이력서	피플앤잡	2006.07.21	26238
18	영문이력서 작성법	기타 주의사항	피플앤잡	2006.07.21	11740
17	영문이력서 작성법	영문이력서 작성법(세부내용)	피플앤잡	2006.07.21	29663
16	영문이력서 작성법	영문이력서 작성법(일반론)	피플앤잡	2006.07.21	14887
15	영문이력서 작성법	국문이력서와의 차이	피플앤잡	2006.07.21	14540

외국기업 취업전략 페이지

지 않았으면 한다.

피플앤잡에서 운영하는 소통 채널

피플앤잡은 총 6개의 SNS 채널을 운영하고 있는데 카카오뷰, 네이버 카페, 포스트, 블로그, 페이스북 , 인스타그램이 있다. 피플앤잡에서 운영하는 네이버 카페는 외국계기업 전반에 대한 QnA와 면접후기 등 취업에 도움이 되는 정보를 제공하고 빠른 피드백으로 구직자들과 꾸준히 소통하고 있다.

인스타그램에서는 카드뉴스 형태로 취업/이직 꿀팁, 최신 채용공고 등을 제공하고 있으며 이외에도 네이버 블로그, 포스트, 카카오뷰에서도 영문 이력서, CV, 취업전략까지 취업 준비에 필요한 콘텐츠를 제공한다.

처음이 어렵지 두 번은 할 만하고 세 번은 쉽다

외국계 기업 이직을 준비하다 보면, 사람들이 모르고 있는 정보들이 생각보다 꽤 많다는 것을 알게 된다. 피플앤잡도 외국계 기업에 근무하는 사람들이 대부분 알겠거니 생각했지만 의외로 많은 사람이 모르는 숨겨진 정보 창고였다.

피플앤잡과 앞서 말한 링크드인만 제대로 활용해도 외국계 기업의 채용 담당자와 헤드헌터에게 본인을 홍보하고 기업 및 채용과 관련된 정보를 취득하는 데 부족함은 없을 것이다. 물론, 그 외 채용 플랫폼에도 준비된 프로필을 업로드해서 더 많은 사람에게 본인을 더 많이 알리는 것은 구직을 위한 훌륭한 자세다.

'한번 해보니까 두 번째는 할 만하네!' 책을 따라 하면서 링크드인을 완성하고 피플앤잡까지 완성한 독자는 이렇게 느낄 것이다. 요리도 기본 베이스를 잘 준비해두면 손쉽게 응용이 가능한 것처럼, 국문/영문 이력서를 제대로 만들어 두면 링크드인이든 피플앤잡이든 그 어떤 취업 플랫폼에도 즉각적으로 활용할 수 있다.

누구 하나 알려주는 사람 없이 많은 시행착오를 겪은 끝에 얻어낸 노하우를 공개했으니, 여러분은 고민할 필요 없이 실행만 하면 된다. Cheer Up!

글래스도어?
무엇에 쓰는 물건인고!

글래스도어 알아보기

글래스도어는 익명 리뷰에 근거해 직장을 평가하는 사이트다. 아직 한국인 사용자가 많지 않아서인지 한국어를 지원하지는 않는다.

그렇다면 왜 글래스도어를 사용해야 하는가? 그 이유가 홈페이지 'How Glassdoor Works for You'에 기술되어 있는데, 내가 중요하게 생각하는 이유는 '기업에 대한 평판', '연봉 정보', '인터뷰 질문' 이 세 가지에 대한 정보를 제공하기 때문이다. 국내 기업 정보를 알기 위해 한국에서 많이 사용되는 '잡플래닛'과 비슷한 용도다. 내가 목표하는(또는 지원하는) 기업에 근무하는 직원은 물론이고 해당 기업에서 인터뷰를 봤던 지원자들의 생생한

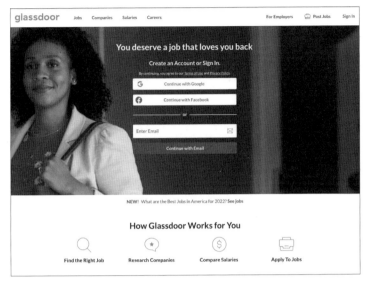

| 글래스도어 메인 페이지

정보를 확인할 수 있으니 돈으로도 살 수 없는 소중한 정보를 획
득할 수 있는 장소다.

글래스도어 가입하기

링크드인과 매우 유사하므로 상세한 설명과 그림 첨부는 동
어반복이므로 편의상 생략하겠다. 구글 또는 페이스북 계정을
이용해서 가입한다. 다만, 글래스도어의 철학상 익명의 정보를
공유하는 것이 중요하기 때문에 현재 근무하는 기업에 대한 만

족도와 연봉 정보 등을 묻는 절차가 있다. 기꺼이 참여해 주길 바란다. 그 외 굳이 대답하고 싶지 않은 절차가 있다면 'Skip'해서 가입을 마무리한다.

글래스도어 활용하기

가입을 완료하면 웹페이지 상단에서 다음과 같은 메뉴를 확인할 수 있다(굉장히 직관적인 UX라 좋다). 링크드인, 피플앤잡 같이 채용 공고(Jobs, Careers)를 찾을 수도 있지만, 우리의 가입 목적은 기업(Companies), 연봉(Salaries)에 대한 정보 획득이다.

| 글래스도어 상단 메뉴

Step 1. 궁금한 기업검색해서 평판 조회하기

본인이 궁금한 기업을 검색하면 되는데, 편의상 내가 근무했었던 컨설팅 기업 액센추어를 예를 들어 설명을 진행하겠다. 액센추어에 대한 정보가 제공되고, '리뷰(Reviews)' 메뉴에서 136,000건의 리뷰를 근거로 한 점수가 나타난다(만족도가 높은데, 나 또한 자부심과 긍지를 갖고 근무했던 멋진 회사였다).

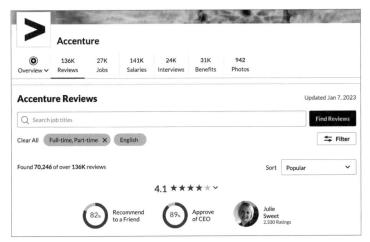

| 액센추어의 평판을 조회를 위해 검색하면 나오는 페이지

위 요약 외에도 페이지를 내리면 전·현직 직원들이 기업의 장/단점에 관해 기술한 내용을 확인할 수 있다. 목표하는 기업의 문화와 환경을 간접적으로나마 접할 수 있어서 매우 유용하다. 모두 영어로 적혀있다는 것이 함정인데, 번역기가 있으니 걱정할 것 없다.

Step 2. 연봉을 확인하자

미국과 한국 간의 차이는 분명히 존재하지만, 미국에 있는 직원들의 연봉 수준을 알 수 있다면 본인이 요구할 수 있는 연봉의 범위(Salary Range)를 가늠할 수 있다. 'Salaries'에서 141,000명이 올린 연봉 정보를 확인할 수 있는데, 지역별/직무별로 필터를

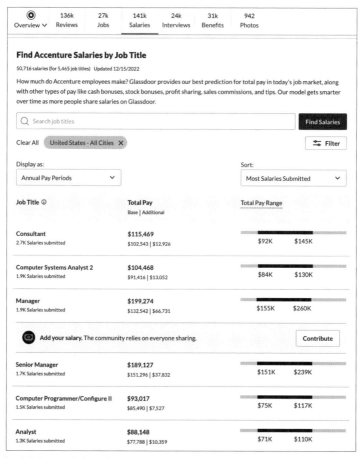

	136k	27k	141k	24k	31k	942
Overview ∨	Reviews	Jobs	Salaries	Interviews	Benefits	Photos

Find Accenture Salaries by Job Title

50,716 salaries (for 5,465 job titles) Updated 12/15/2022

How much do Accenture employees make? Glassdoor provides our best prediction for total pay in today's job market, along with other types of pay like cash bonuses, stock bonuses, profit sharing, sales commissions, and tips. Our model gets smarter over time as more people share salaries on Glassdoor.

🔍 Search job titles   **Find Salaries**

Clear All   United States - All Cities ✕   ⇄ Filter

Display as: Sort:
Annual Pay Periods   ∨   Most Salaries Submitted   ∨

Job Title ⓘ	Total Pay Base | Additional	Total Pay Range	
Consultant 2.7K Salaries submitted	**$115,469** $102,543 | $12,926	$92K	$145K
Computer Systems Analyst 2 1.9K Salaries submitted	**$104,468** $91,416 | $13,052	$84K	$130K
Manager 1.9K Salaries submitted	**$199,274** $132,542 | $66,731	$155K	$260K

Add your salary. The community relies on everyone sharing.   Contribute

Senior Manager 1.7K Salaries submitted	**$189,127** $151,296 | $37,832	$151K	$239K
Computer Programmer/Configure II 1.5K Salaries submitted	**$93,017** $85,490 | $7,527	$75K	$117K
Analyst 1.3K Salaries submitted	**$88,148** $77,788 | $10,359	$71K	$110K

┃ 지역별, 직무별에 따라 연봉 정보를 조회할 수 있다.

걸어서 조건별로도 확인 가능하다.

위의 결과에서 'Senior Manager' 연봉 정보를 상세하게 알고 싶다면 과감하게 클릭하라. 다음 페이지 그림과 같이 연봉 범위

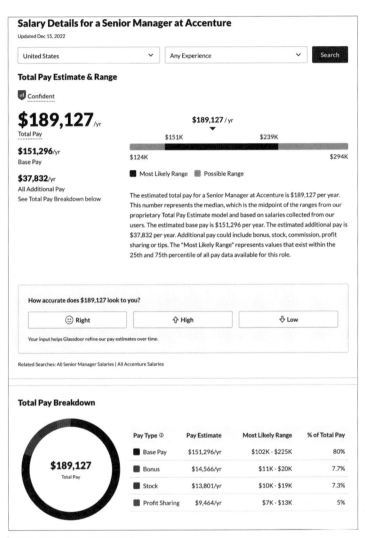

| 연봉 정보 상세 조회 페이지

에 대한 정보(Total Pay Estimate & Range)가 나타난다.

연봉 범위도 중요하지만, 연봉이 어떻게 구성되어 있는지 (Salary Scheme)가 외국계 기업에서는 매우 중요한데 'Total Salary Breakdown' 정보도 주어진다. 물론 현실과 정확도 면에서 차이가 있겠지만, 이런 정보를 무료로 볼 수 있다니 그저 고마울 뿐이다. 연봉 구성에 대해 간략히 설명하면 아래와 같은데, 이는 회사마다 상이하다.

- Base Pay: 기본급
- Bonus: 개인 고과에 따른 인센티브
- Stock: 주식 수여(연봉 계약 시 또는 연간 성과에 따라 다르며, 외국계 기업은 주식을 수여하는 경우가 많다)
- Profit Sharing: 회사 성과에 따른 인센티브

Step 3. 인터뷰 질문을 확인하자

대학교 시절 족보를 구하기 위해 한 번쯤은 누군가에게 밥과 술을 샀던 기억이 있지 않을까? 인터뷰에서도 예상 질문을 알 수 있다면 통과할 확률은 그만큼 올라갈 텐데, 국내 기업도 아니고 외국계 기업의 인터뷰 질문을 구하는 것은 여간 어려운 일이 아니다. 그런데 현직 근무자뿐만 아니라 지원자들까지 합세해서 본인의 인터뷰 경험을 공유하는 곳이니 다시 한번 감사한 마음

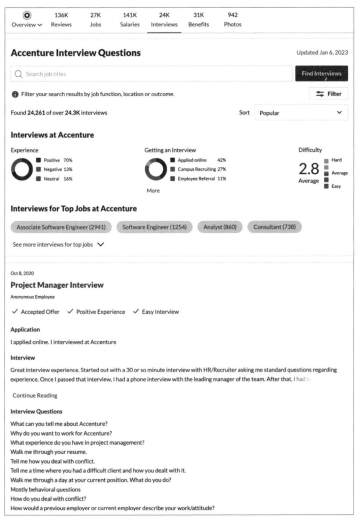

│ 인터뷰 질문 조회 페이지

을 갖게 된다. 모든 질문을 볼 수 있고, 본인이 관심 있는 직무에 관한 질문만 필터링해서 확인할 수도 있다.

앞에 나온 사례자는 인터뷰에 통과해서 입사까지 확정한 (Accepted Offer) 사람으로, 'Interview' 난에 인터뷰 전반에 대한 정보를 기술했고, 'Interview Questions'에 본인이 받았던 질문 리스트를 남겨주었다.

물론 '케바케(Case-By-Case)'이긴 하지만 외국에 있는 면접자와 인터뷰를 진행하는 경우 글래스도어에 있는 질문들을 적어도 한두 개, 많게는 서너 개 이상 받았던 기억이 있다. 이 정도의 확률이라면 반드시 방문해서 어떠한 질문이 있었는지 확인해야 하지 않겠는가?

외국계 기업 이직을 위한 필수 참고서

나도 이직을 두세 번 정도 했을 때쯤에는 글래스도어라는 곳을 몰랐었다. 하지만 횟수를 거듭할수록 연봉과 직급이 올라가니 경쟁도 치열해지고 인터뷰 난이도 또한 상승했다. 그때 가뭄의 단비와 같은 역할을 해준 곳이 글래스도어였고, 회사 선정부터 인터뷰 신행 그리고 연봉 협상까지 이직 프로세스 전반에 걸쳐 상당히 큰 도움을 받았다.

'고기도 먹어본 자만이 그 맛을 안다'라는 말이 있듯이, 여러분이 외국계 이직의 실전에 뛰어들게 되면 위에 나열한 정보가 얼마나 소중하고 감사한지 뼈저리게 느끼게 될 것이다. 그 단계까지 이르길 바라고, 그때 이직장인을 잊지 말고 감사의 편지라도 한 편 띄워주길 바란다.

6장

신무기 장착!
'ChatGPT'
사용 설명서

ChatGPT는 챗봇이자 글쓰기 도우미

인공지능과 외국계 기업 이직의 연결 고리

2023년 ChatGPT(챗지피티)에 대한 기사와 영상이 인터넷을 뒤덮고 있다. 심지어 구글은 ChatGPT에 대응하기 위해 위기 경보를 선언하고 구글 공동 창업자까지 소환해 대응책 마련에 나서고 있다.

ChatGPT는 오픈(Open) AI 기업에서 개발한 대규모 언어 모델로 인간과 유사한 텍스트를 생성하기 위해 딥 러닝 기술을 사용하는 사전 훈련된 모델이다. 언어 번역, 텍스트 요약 및 질문 답변과 같은 다양한 자연어 처리 작업에 맞게 미세 조성해 사용자가 자유롭게 사용할 수 있다. 또한 텍스트 분류, 명명된 엔터티(Entity) 인식(어떤 이름을 의미하는 단어를 보고는 그 단어가 어떤 유형인지를 인식) 및 감정 분석과 같은 다양한 기타 자연어 처리 작업에도 이용할 수 있다.

전반적으로 ChatGPT는 자연어 처리를 위한 강력한 도구이며 다양한 애플리케이션의 성능을 개선하는 데 활용할 수 있다. 아울러 인간과 유사한 텍스트를 생성하는 기능으로 인해 챗봇, 언어 전송의 사용자 경험을 개선하는 데 유용하다.

나는 책 집필을 마무리하고 설 연휴를 편하게 보내고 있던 차에 ChatGPT에 대한 유튜브 영상을 보고 호기심이 생겼다. 'ChatGPT가 이직을 준비하는 데 어느 정도까지 도움이 될까?'

기존에 준비해둔 자기소개 영문 스크립트를 ChatGPT에 붙여넣고, "내 자기소개서를 분석해서 평가하고 개선해줄래?"라고 대화를 시작했다. 그 결과, 내가 상상했던 것보다 놀라웠다. 힘들게 마감한 원고를 다시 펼쳐서(몰려오는 귀차니즘을 겨우 극복했다), 꼭

| ChatGPT 대화 화면

이 내용을 전달해야겠다는 사명감이 들 만큼.

나만을 위한 구직 도우미

일단 ChatGPT에 내가 원하는 직업 설명을 제공하면 필요한 기술, 자격 및 책임과 같은 중요한 정보들이 추출된다. '와우, 신기하고 놀랍다!' 간단한 검색어 혹은 질문을 통해 구직자는 특정 역할에 필요한 주요 자격을 식별하고 이러한 요구 사항에 맞게 이력서와 커버 레터를 수정할 수 있는 정보를 얻게 된다. 구글링하면 검색어를 넣고 여러 웹사이트를 돌아다니면서 좋은 정보와 의미 없는 정보를 필터링해야 하는데, 그에 비해 적은 노력으로 빠르게 정보를 취득할 수 있다.

구직에 ChatGPT를 사용할 때 또 다른 이점은 구직자가 자기소개를 작성하도록 도움을 주는 기능이다. 자격 및 경험에 대한 간략한 개요를 제공하면 ChatGPT는 특정 역할에 가장 관련성이 높은 정보를 강조하는 개인화된 소개를 생성해 준다. 특히, 목표하는 회사의 직무기술서를 입력해 주면 그 포지션에 기반한 자기소개서가 만들어진다.

또한 ChatGPT를 사용해 일반적인 인터뷰 질문에 대한 답변을 생성할 수도 있다. 질문을 제공함으로써 구직자가 인터뷰를 준비하는 데 도움이 되는 일관되고 사려 깊은 답변을 생성할 수 있다(자기소개서 작성과 인터뷰 질문/답변은 이어지는 글에서 각각 상세히 설명하겠다).

AI를 적극적으로 활용하는 똑똑한 구직자

전반적으로 ChatGPT는 구직자들이 이직을 준비하는 데에도 큰 도움을 줄 수 있는 강력한 도구로, 직무 설명을 이해 및 분석하고, 개인화된 자기소개를 작성하고, 인터뷰 질문에 대한 답변을 제공하는 기능은 개인의 경쟁력을 향상하고 취업 기회를 높이는 데 무기가 될 것이다.

AI 분야의 어느 대가는 이런 이야기를 했다.

"인간을 대체하는 범용 AI는 불가능하다. 다만, AI를 적극적으로 활용하는 인간이 그렇지 못한 인간을 대체할 것이다."

ChatGPT가 이직을 위한 모든 것을 해결해 주지는 않는다. 아니 그럴 순 없다. 그렇지만 부족한 부분을 채우고 뭉툭한 부분을 예리하게 만드는 데에는 큰 도움을 받을 수 있다.

ChatGPT를 활용한
자기소개서 업그레이드

AI를 통한 직무기술서 분석과 자기소개서 작성

경쟁이 치열한 오늘날의 이직 시장에서는 남들보다 눈에 띄는 것이 중요하다. 이를 수행하는 한 가지 방법은 지원하는 직업의 특정 요구 사항에 맞게 자기소개를 조정하는 것이다. 오픈 AI가 훈련한 대규모 언어 모델인 ChatGPT를 적절히 활용하면 직무기술서를 분석하고 관련 기술과 경험을 강조하는 강력한 자기소개를 구축하는 데 도움을 받을 수 있다.

Step 1. 직무기술서 분석

먼저 지원하는 직무에 맞게 자기소개서를 작성하기 전에 직무의 특정 요구 사항을 이해해야 한다. ChatGPT를 활용해 직무기술서를 분석하고 해당 회사가 찾고 있는 핵심 기술과 자격을 식별하는 데 도움을 받을 수 있다.

예를 들어 직무 설명에서 이상적인 후보자는 프로젝트 관리 경험이 있어야 한다고 언급하는 경우, ChatGPT는 자기소개에 포함할 수 있는 프로젝트 관리 경험의 구체적인 예를 식별하는 데 도움을 준다. 마찬가지로 직무 설명에서 데이터 분석과 같은 특정 기술을 언급하는 경우 ChatGPT를 통해 과거에 해당 기술을 어떻게 입증했는지 식별하는 데 도움을 받을 수 있다.

아주 간단하게는 웹사이트에 게시되어 있는 관심 있는 회사의 직무기술서를 복사해서 ChatGPT에 붙여넣고 "Can you summize it?"(요약해 주세요), "Can you provide me with the most important skill set for this position"(이 포지션에 가장 중요한 직무능력/기술을 알려주세요) 등과 같은 질문으로 반드시 알아야 할 정보의 요약본을 얻어낼 수 있다(이는 처음에 대강을 파악할 때의 예시이고, 직무기술서는 무조건 꼼꼼하게 읽어보는 것을 적극적으로 권장한다).

Step 2. 관련 기술과 경험 파악

직무기술서를 분석하고 고용주가 찾고 있는 핵심 기술과 자격을 식별하면 ChatGPT가 관련 기술과 경험을 식별하는 데 도움을 줄 수 있다. 작업한 프로젝트나 달성한 결과의 예를 제공하는 등 과거에 이러한 기술과 자격을 입증한 방법에 대한 구체적인 예시를 만들고 그것을 기반으로 나만의 스토리를 만들면 시간과 노력이 절약된다.

Step 3. 자기소개서 샘플 작성

ChatGPT는 직무기술서를 분석하고 관련 기술과 경험을 파악한다. 이렇게 수집한 정보를 사용해 자격을 강조하고 지원자로서 돋보이게 만드는 강력한 자기소개서를 구축하는 데 도움을 준다.

예를 들어, 직무기술서를 입력한 후에 "Can you make a sample cover letter based on this job description?(이 직무기술서를 기반으로 자기소개서 샘플을 만들어줄래?)"와 같은 질문을 던지면 관련 기술 및 경험을 기반으로 ChatGPT는 다음과 같은 자기소개서를 예시적으로 작성해 준다.

Hello, my name is [Name] and I'm excited to be applying for the [Position] role at [Company]. With [X] years of experience in the [Industry], I have a strong background in [Key Skill ①], [Key Skill ②], and [Key Skill ③]. In my previous role as [Previous Position] at [Previous Company], I led a team of [X] people to successfully implement a new [Project / Initiative], resulting in a [X]% increase in [Performance Metric]. I am confident that my experience and skills make me an excellent fit for this role at [Company].

> **해석:** 안녕하세요, 제 이름은 [이름]이고 [회사명]의 [직책] 역할에 지원하게 되어 기쁩니다. [업계]에서 [X]년의 경험을 가지고 [핵심 기술 ①]에 대한 강력한 배경을 가지고 있습니다. [핵심 기술 ②], [핵심 기술 ③] 이전 [이전 회사]에서 [이전 직위] 역할을 하면서 [X]명으로 구성된 팀을 이끌고 새로운 [프로젝트/이니셔티브]를 성공적으로 구현했습니다. 그 결과 [성과 지표]가 [X]% 증가했습니다. 이러한 저의 경험과 기술이 [회사명]에서 [직책] 역할에 매우 적합하다고 확신합니다.

이 결과를 참고해서 기존에 작성해둔 자기소개서와 비교하고 부족한 부분을 채워나가면 완성도를 높일 수 있다. 나도 반복적으로 사용하던 자기소개를 입력하고 특정 회사의 직무기술서를 기반으로 부족한 부분을 알려달라고 질문을 해보니, 모든 답변이 맞는 것은 아니지만 나름 예리한 지적들이 있어서 다시금 업데이트하는 계기가 되었다.

Step 4. 인터뷰 연습

자기소개서를 작성하고 나면 ChatGPT를 통해 대화형으로 인터뷰 연습도 가능하다. 모델을 사용해 인터뷰 시나리오를 시뮬레이션할 수 있으며, ChatGPT는 자기소개를 기반으로 후속 질문을 생성해 준다. 이렇게 하면 자기소개 내용을 다듬고, 인터뷰 질문을 예상하며, 직접 자기소개를 연습할 때 더 자신감 있고 준비된 느낌을 받을 수 있다.

자기소개서 '작성'하기가 아닌 이유

이 글의 타이틀은 'ChatGPT 활용한 자기소개서 업그레이드' 이고, 절대 작성하기가 아니라는 점을 강조하고 싶다. 자기소개 서에 힘이 실리기 위해서는 그 줄거리에 본인만의 경험(피, 땀, 눈 물)이 담겨있어야 한다.

ChatGPT를 활용해야 하는 영역은 영문 자기소개를 문법적 으로 한번 정돈해 주는 것과 본인이 놓칠 수 있는 부분을 검증 하는 수단으로 사용하는 것이 옳다. ChatGPT에서 만들어주 는 자기소개서 예시는 참고서라고 생각하고, 이직이라는 문제 (Question)는 스스로 풀어나가는 힘을 길러야 인터뷰라는 진짜 시 험장에서 발생하는 돌발적인 상황에 대처할 수 있다.

결론적으로 ChatGPT는 직무기술서를 분석하고, 관련 기술과 경험을 식별하고, 자격을 강조하고 후보자로서 돋보이게 만드는 자기소개서를 만들어 나가는 데 '도움'을 주는 도구라는 점을 잊 지 말고 AI의 힘을 활용하길 바란다.

ChatGPT와 함께 준비하는 인터뷰

ChatGPT, 면접 준비를 위한 도구

취업 면접은 미리 준비하는 것이 확실히 도움이 되고 중요하다. 이를 도울 수 있는 한 가지 도구는 오픈 AI에서 개발한 대규모 언어 모델인 ChatGPT이다. ChatGPT를 사용해 취업 면접을 준비하는 몇 가지 방법과 각 요점을 설명하는 실용적인 예를 살펴보겠다.

일반적인 면접 질문에 답하는 연습

ChatGPT는 다양한 질문에 대한 응답을 생성할 수 있으므로 잠재적인 인터뷰 질문에 대화 형식으로 대답하는 연습을 할 수 있다. 예를 들어 ChatGPT에 아래와 같은 질문을 해서 응답을 생성하도록 요청할 수 있다.

"Can you provide me with the most frequent interview questions and potential answers for [Position] at [Company]? (회사에서 가장 자주 묻는 면접 질문과 잠재적인 답변을 알려주실 수 있나요?)"를 대화창에 입력하면 아래와 같이 예상되는 질문과 샘플 답변을 제시해 준다.

Q. 왜 우리가 당신을 고용해야 합니까?
A. 저는 업계에 대한 제 경험, 기술 및 열정 때문에 제가 이 일에 가장 적합한 후보자라고 생각합니다. 저는 현장에서 수년간의 경험이 있고 입증된 성공 기록이 있습니다. 또한 저는 매우 훌륭합니다. 이 역할에서 성공을 달성하기 위해 동기를 부여하고 헌신했습니다.

Q. 가장 큰 약점이 무엇입니까?
A. 저의 가장 큰 약점은 제가 때때로 너무 세심하고 큰 그림을 보는 데 어려움을 겪을 수 있다는 것입니다. 하지만 저는 전략적 사고 기술을 개발하기 위해 노력해 왔으며 이 분야에서 진전을 이루었습니다.

Q. 당신의 가장 큰 성취는 무엇입니까?

A. 저의 가장 큰 성과는 팀을 이끌고 신제품을 개발하고 출시한 것입니다. 프로젝트는 복잡했고 그 과정에서 많은 어려움이 있었습니다. 하지만 저희 팀과 긴밀히 협력해 제시간에 제품을 성공적으로 출시할 수 있었습니다. 그리고 예산 범위 내에서 회사의 매출이 크게 증가했습니다.

응답에 대한 피드백

ChatGPT로 질문에 답하는 연습을 했다면 ChatGPT에 답을 평가하도록 요청할 수 있다. 예를 들어 응답이 너무 짧거나 너무 자세한지 또는 질문에 효과적으로 대처하는지를 표시하도록 요청할 수 있다.

해당 기업과 업계에 대해 자세히 알아보기

면접을 보기 전에 기업과 업계에 관해 조사하는 것이 중요하다. ChatGPT는 다양한 주제에 대한 정보를 생성해 이를 도울 수 있다. 예를 들어 기업의 역사와 임무에 대한 요약을 생성하도록 요청할 수 있다.

- ChatGPT: 이 기업은 2000년에 설립되었으며 샌프란시스코에 본사가 있습니다. 회사의 사명은 의료 산업에 혁신적

인 솔루션을 제공하는 것입니다. 이 회사는 최첨단 기술과 고객 만족에 대한 약속으로 유명합니다.

또는 업계의 주요 트렌드와 과제를 설명하도록 요청할 수 있다.

- ChatGPT: 의료 산업의 주요 추세에는 환자 치료를 개선하기 위한 기술 사용, 가치 기반 치료로의 전환, 예방 치료에 관한 관심 증가가 포함됩니다. 업계가 직면한 문제에는 비용 상승, 인구 고령화, 의료진 부족이 있습니다.

면접관에게 물어볼 질문 생성하기

면접에서 면접관에게 물어볼 질문을 준비하는 것도 중요하다. ChatGPT는 기업, 역할 및 팀에 대해 자세히 알아보는 데 도움이 되는 질문을 생성해 이를 도울 수 있다. 아래는 "면접관에게 물어볼 질문을 알려줘"라는 요청에 대한 ChatGPT의 답변 예시다.

- ChatGPT: 향후 6개월 동안 이 역할의 주요 목표는 무엇입니까? 이러한 목표를 달성하기 위해 팀이 어떻게 협력합니까? 기업의 문화와 가치에 대해 더 자세히 말씀해 주시겠습니까? 기업은 직원 개발 및 경력 성장을 어떻게 지원합니

까? 이 역할의 신입사원에게 어떤 종류의 교육과 지원이 제
공됩니까?

사려 깊고 정보에 입각한 질문을 함으로써 기업과 역할에 관
한 관심을 보여줄 수 있고, 그것이 자신에게 적합한지 아닌지에
대한 귀중한 통찰력을 얻을 수 있다.

이렇듯 ChatGPT를 사용해 면접 기술을 연습하고, 응답에 대
한 피드백을 받고, 기업 및 업계에 대해 자세히 알아보고, 면접
관에게 물어볼 질문을 생성할 수 있다. 나 역시 적절한 도움을
받았다. 당신도 ChatGPT 도구를 사용해 본인의 면접 준비를 충
실하게 하기를 바란다.

주의!
활용과 의존을 구분할 것

ChatGPT, 활용할 때 명심하면 좋은 것들

이력서나 자기소개서 작성에 ChatGPT를 사용하는 것은 예시 문구를 생성하고 아이디어를 얻는 데 도움이 될 수 있다. 그러나 늘 신중하게 편집해야 한다는 것과 개인화를 위한 대체물이 아니라 도구일 뿐이라는 것을 기억하는 것이 중요하다. 다음은 명심해야 할 몇 가지 팁이다.

생성된 텍스트를 그대로 사용하는 것을 피하자

ChatGPT는 문법적으로 올바른 문장을 만들 수 있다. 그러나 자신만의 고유한 어조나 스타일을 충분히 반영할 수는 없다. ChatGPT를 통해 생성된 텍스트를 샘플로 참고하되, 그것이 자신의 경험과 지식 그리고 지원하는 직무와 일치하도록 업데이트하는 것이 필수적이다.

지원하는 직무와 관련된 본인만의 구체적인 세부 사항과 성과가 포함되지 않은 이력서/자기소개서는 의미 없는 문장의 나열에 불과하다.

진부한 표현을 사용하지 말자

ChatGPT는 입사 지원 과정에서 과도하게 사용된 일반적인 문구와 유행어를 포함하는 텍스트를 생성할 수 있다. 생성된 텍스트를 검토하고 진부한 표현을 피하고 독창적인 것으로 눈에 띄도록 하는 것이 중요하다. 채용 담당자들은 독특하고 개인의 특성이 표현된 문서를 찾고 있으므로, 자신의 개인적인 기술과 경험을 반영하기 위해 텍스트를 변경해야 한다.

AI는 표현할 수 없는 본인만의 차별점과 열정을 담자

이력서와 자기소개서는 자기만의 독특한 기술과 경험을 보여주고 다른 지원자들과 차별화되어야 한다. ChatGPT는 텍스트를 생성하는 데 도움이 될 수 있지만, 무엇이 자기 자신을 차별화하는지에 초점을 맞추고 각자 본인의 강점과 성취를 강조하는 것이 중요하다.

또한, 자기소개서는 왜 자신이 그 일에 적합한지에 대해 흥분하고 있다는 것과 일할 기회를 얻고자 한다는 것을 보여주어야 한다. ChatGPT는 텍스트를 생성하는 데 도움이 될 수 있지만 개인적인 터치를 추가하고 본인이 기업에 진심으로 관심이 있다는 것을 보여주는 것이 중요하다.

최적화된 키워드를 반영하자

많은 채용 담당자가 지원자 추적 시스템(ATS)을 사용해 이력서에서 직무 설명과 관련된 키워드를 검색한다. 채용 담당자에게 보일 가능성을 높이기 위해 이력서에 관련 키워드를 포함하는 것이 중요하다. ChatGPT는 키워드 목록을 생성하는 데 도움이 될 수 있지만 최적의 키워드 사용을 보장하기 위해 직무기술서에 기재된 키워드가 반영되어 있는지 잘 확인하고 업데이트해야 한다.

문화적 적합성을 확인하자

지원하는 기업의 문화에 맞게 이력서와 자기소개서를 맞춤 제작하는 것이 중요하다. ChatGPT는 텍스트를 생성하는 데 도움이 될 수 있지만 텍스트가 기업의 가치와 직무기술서의 어조에 맞는지 확인하고 내용을 업데이트하는 것은 각자에게 달려 있다. ChatGPT는 출발점을 만드는 데 도움이 될 수 있지만, 텍스트가 지원하는 특정 직업 및 회사에 맞게 조정되도록 변경 및 추가 작업이 필수적으로 수행되어야 한다.

활용을 위한 예시

외국계 기업 면접에서 가장 많이 등장하는(물론 국내 기업도 마찬가지가 아닐까 싶은) 질문 중 하나는 "본인이 이끌었던 업무 중 어려운 상황을 극복하고 성공적으로 이끌었던 경험을 이야기해 보세요"일 것이다. 위 질문에 대한 ChatGPT의 예시적 답변은 아래와 같다.

Q. To answer this question, "Can you give an example of a successful project you have led and what made it successful?" Can you provide me with a sample answer?
해석: "당신이 이끌었던 성공적인 프로젝트의 예와 그것을 성공하게 만든 요인을 제시할 수 있습니까?"라는 질문에 대한 샘플 답변을 제공해 줄래?

ChatGPT: Sure, here's a sample answer to the question, "Can you give an example of a successful project you have led and what made it successful?"

→ One project I'm particularly proud of was a website redesign project for a non-profit organization. The goal was to update the organization's online presence, making it more user-friendly and visually appealing, to better engage with its stakeholders and reach its fundraising goals. I led a cross-functional team

---

of designers, developers, and content creators to complete the project.

What made this project successful was the way we approached it. We started by thoroughly researching and understanding the organization's target audience and their needs. Based on this research, we created a detailed project plan, which we constantly reviewed and adjusted as needed throughout the project.

We also placed a strong emphasis on clear and effective communication, both within the team and with the stakeholders. This allowed us to keep everyone on the same page and make sure we were meeting everyone's expectations.

The result was a website that not only met but exceeded the organization's goals. The new website received positive feedback from users, and the organization saw an increase in donations. This project was a great example of the power of a well-planned, well-executed, and well-communicated project.

해석: 물론입니다. "당신이 이끌었던 성공적인 프로젝트의 예와 그것을 성공하게 만든 요인은 무엇입니까?"라는 질문에 대한 샘플 답변이 있습니다.

→ 내가 특히 자랑스럽게 생각하는 프로젝트 중 하나는 비영리 단체를 위한 웹사이트 재설계 프로젝트였습니다. 목표는 조직의 온라인 존재를 업데이트해 더 사용자 친화적이고 시각적으로 매력적으로 만들고 이해 관계자와 더 잘 참여하고 기금 모금 목표를 달성하는 것이었습니다. 저는 프로젝트를 완료하기 위해 디자이너, 개발자 및 콘텐츠 제작자로 구성된 교차 기능 팀을 이끌었습니다.

이 프로젝트를 성공으로 이끈 것은 우리가 접근한 방식이었습니다. 우리는 조직의 대상 청중과 그들의 요구사항을 철저히 조사하고 이해하는 것으로 시작했습니다. 이 연구를 바탕으로 상세한 프로젝트 계획을 세웠고 프로젝트 전반에 걸쳐 필요에 따라 지속적으로 검토하고 조정했습니다.

또한 팀 내부 및 이해관계자와의 명확하고 효과적인 커뮤니케이션을 강조했습니다. 이를 통해 모든 사람이 동일한 페이지를 유지하고 모든 사람의 기대를 충족할 수 있었습니다.

그 결과 조직의 목표를 달성했을 뿐만 아니라 초과 달성한 웹사이트가 탄생했습니다. 새 웹사이트는 사용자로부터 긍정적인 피드백을 받았으며 조직은 기부금이 증가했습니다. 이 프로젝트는 잘 계획되고 잘 실행되고 잘 전달되는 프로젝트의 힘을 보여주는 좋은 예였습니다.

앞서 이야기한 STAR(Situation-Task-Action-Result) 구성에 맞는 이야기를 뚝딱 만들어준다. 그러나 본인이 직접 경험하지 않는 내용을 자신 있게 말할 수도 없고, 노련한 후속 질문을 받으면 바로 근본이 없다는 것이 드러나 인터뷰 자체가 무너질 것이다.

내가 주장하는 바는 본인만의 이야기를 구성하고, 그것을 ChatGPT를 통해 가다듬으라는 것이다. 아래 예시를 한번 살펴보자.

Q. To answer this question, "Can you give an example of a successful project you have led and what made it successful?" I prepared the answers as below.

While working at Accenture, I was in charge of Datacenter Transformation project's PM for Company X. As the project approached its midpoint, additional requests were received to estimate the cost of constructing the data center.

After thinking about it because it was not a requirement in the existing contract terms, I explained the situation to my partner and suggested a possible solution.

Right before, I was working on a project at the telecommunications company K in Korea, and the customer I had a good relationship with was a data center expert. I asked him for help, and the telecommunications company K was also looking for a way to expand its business, so it was a business opportunity that could be a win-win for each other.

I have experience in solving problems that we could not solve through a relationship of trust with an existing customer, and eventually turning them into business opportunities that benefit everyone.

Can you help me make it better and succinct?

해석: "당신이 이끈 성공적인 프로젝트의 예와 그것을 성공으로 이끈 비결은 무엇입니까?"라는 질문에 답하기 위해 아래와 같이 답변을 준비했어.

액센추어 재직 당시 X사 데이터센터 트랜스포메이션 프로젝트 PM을 맡았다. 프로젝트가 중반에 접어들면서 데이터센터 구축 비용 산정 요청이 추가로 들어왔습니다. 기존 계약 조건에 없는 사항이라 고민 끝에 파트너에게 상황을 설명하고 가능한 해결책을 제시했습니다.

X사 프로젝트 직전에 나는 한국의 K 통신사에서 프로젝트를 진행했고, 좋은 관계를 가졌던 고객 담당자가 데이터 센터 전문가였습니다. 나는 그분에게 도움을 요청했고, 통신사 K도 사업확장 방안을 모색하고 있어 서로 윈윈할 수 있는 사업 기회였습니다. 기존 고객과의 신뢰 관계를 통해 우리 스스로 해결하기 힘들었던 문제를 해결하고, 결국 모두에게 이익이 되는

비즈니스 기회로 전환한 경험이었습니다.

이 답변을 좀 더 간결하게 개선해 줄래?

ChatGPT: Sure, here's a revised version of your answer.

→ I led the successful Datacenter Transformation project for Company X as a PM at Accenture. The project faced a challenge when additional cost estimates for data center construction were requested. I proactively suggested a solution by leveraging my prior experience and relationship with a data center expert at the telecommunications company K in Korea. This resulted in a mutually beneficial business opportunity for both companies, and demonstrated my ability to navigate unexpected challenges and turn them into opportunities.

해석: 물론입니다. 답변의 수정된 버전은 다음과 같습니다.

→ 저는 Accenture에서 PM으로 X사의 성공적인 Datacenter Transformation 프로젝트를 이끌었습니다. 이 프로젝트는 데이터센터 구축을 위한 추가 비용 견적이 요청되는 문제에 직면했습니다. 이전 경험과 데이터센터 전문가와의 관계를 활용해 솔루션을 적극적으로 제안했습니다. 이는 양사 모두에게 상생의 비즈니스 기회가 되었고, 예상치 못한 도전을 헤쳐나가 기회로 만드는 저의 능력을 보여주었습니다.

Q. Can you make it a bit more detail?

해석: 좀 더 상세하게 답변을 만들어줄래?

ChatGPT: Sure, here's a more detailed version of your answer.

→ I led the successful Datacenter Transformation project for Company X as a PM at Accenture. The project was to migrate all the data center of Company X to a new one. The project was on track, but mid-way, additional requests were received to estimate the cost of constructing the new data center. It was not a requirement in the existing contract terms, but it was necessary for the project to continue. I identified this as a potential roadblock and proactively suggested a solution by leveraging my prior experience and relationship with a data center expert at the telecommunications company K in Korea. I suggested a partnership between Company X and the telecommunications company K, which would allow the telecommunications company to expand their business while meeting Company X's data center construction cost estimates. This resulted in a mutually beneficial business opportunity for both companies. This demonstrated my ability to navigate unexpected challenges, come up with creative solutions, and turn them into opportunities.

해석: 물론입니다. 귀하의 답변에 대한 자세한 버전은 다음과 같습니다.

→ 저는 Accenture에서 PM으로 X사의 성공적인 Datacenter Transformation 프로젝트를 이끌었습니다. 프로젝트는 X사의 모든 데이터센터를 새로운 데이터센터로 마이그레이션하는 것이었습니다. 프로젝트는 순조롭게 진행되었지만 중간에 추가 요청이 접수되었습니다. 새로운 데이터센터를 구축하는 데 필요한 비용 산정은 기존 계약 조건에는 포함되지 않았지만, 프로젝트를 계속하는 데 필요했습니다.

저는 이것을 잠재적인 장애물로 파악하고, 한국의 K 통신사의 데이터센터 전문가와의 이전 경험과 관계를 활용해 적극적으로 해결책을 제시했습니다. 저는 X사와 K 통신사의 파트너십을 제안했는데, 통신사가 X사의 데이터센터 건설 비용 견적 요청을 충족시키면서 동시에 사업을 확장할 수 있도록 하는 기회였습니다.

이는 두 회사 모두에게 상호 이익이 되는 사업 기회로 이어졌습니다. 이를 통해 예상치 못한 문제를 해결하고 창의적인 해결책을 제시하고 이를 기회로 전환하는 능력을 입증했습니다.

AI를 의존하지 말고, 활용하라!

일단 위에 번역된 문장은 구글 번역기와 파파고를 사용했다. 그러므로, 내가 여러 차례 강조했지만, 의지만 있다면 누구나 할 수 있다.

예시에서 한글로 된 번역된 문장만 보면 큰 차이 없이 비슷하게 느껴지시지만, ChatGPT가 만든 영문 답변에서는 뉘앙스의 차이나 새로운 단어, 표현들이 존재한다. 바로 이 부분이 우리가 AI를 통해 얻어낼 수 있는 차별점이다.

본인의 경험과 지식, 능력은 출중하나 그것을 영어로 표현할 때 '의심'이 생기고 그로 인해 '주눅'이 드는, 그래서 결국은 '자신감을 상실'하는 경우가 많다. 물론 나도 영어 앞에서 작아지는 것은 마찬가지다. 내가 스스로 만든 영어 문장 또는 구글 번역기와 파파고를 사용해서 만든 문상도 완벽하지 않다고 느껴질 때 ChatGPT를 활용해서 검증하고 또 확인하는 과정을 통해 완성도와 자신감은 동반 상승한다.

내가 만든 답변을 간략히 요약도 해보고, 요약한 내용이 너무 짧다면 좀 더 상세하게도 만들어보면서 새로운(또는 더 나은) 표현 및 단어도 알게 되고, 그 과정을 통해 눈과 입에 익숙해지는 훈련도 자연스레 거치게 되어 결과적으로 인터뷰에서 실제 '나만의 경험'을 좀 더 '유창한 영어'로 표현하는 단계에 도달할 수 있다. 이제 자기만의 차별점과 장점을 더 효과적으로 표현할 수 있도록 적극적으로 활용하자!

이직장인의
실전 어드바이스
'이직 성공 사례'

족집게 과외 받고
해외로 떠난 동생 K

"형, 잠깐 시간 괜찮으세요?"

일요일 오후 소파에 앉아 살짝 졸면서 TV를 보고 있는데 학교 동생 K로부터 전화가 왔다. 면접을 앞두고 있는데 조언을 구하고 싶다는 용건이어서, 집 근처 커피숍에서 만나기로 장소와 시간을 정하고 랩톱(Laptop)을 챙겨서 나갔다.

그날의 만남은 결과적으로 K의 커리어에 큰 영향을 미쳤다. 만약 깊은 낮잠에 빠졌다면 지나갈 뻔한 한 통의 전화가 K와 나를 이어준 것이어서, 오랫동안 마음에 남았던 만남으로 기억된다.

면접에서 탈락한 K

K가 전한 면접의 사정은 이러했다. K가 근무 중인 A 기업에서 사업 다각화를 위해 B 기업을 인수했는데, B 기업의 해외 지사장이 교체되는 시기라 A 회사의 직원을 선발해 파견 형식으로 지사장에 임명하는 프로세스가 진행 중이었다. (해외 주재원, 지사장 파견은 자녀 교육 등 혜택이 많아 경쟁이 치열하다.)

후배 K를 포함해 부서장 추천을 받은 몇몇 후보자가 A 기업 임원, B 기업 대표 및 임원과 1차 면접을 진행했는데 면접 결과에 자신만만했던 것과 달리 여러 루트를 통해 들은 피드백이 좋지 않아서 문제인 상황이었다. 더 큰 고민은 어떤 부분에서 초점을 잘못 맞춘 것인지 K가 맥락을 잡지 못하고 있어서 일단 면접에서 주고받은 질문과 대답을 귀 기울여 들었다. K의 말을 다 들은 내 입에서는 이런 말이 나왔다.

"이런, '저 떨어지고 싶어요.' 이렇게 면접을 봤네."

사장과 임원이 듣고 싶었던 이야기

K는 하드웨어 기반의 업무를 주로 맡아 담당했기 때문에, 면접장에서 관세 중심의 영업을 통한 고객과의 관계 형성 그리고 가격 협상력을 본인의 강점으로 어필했다. 맞다. K의 친화력은 나도 인정하는 부분이고 지사장으로서 내부 직원을 관리하고 고

객 관리에도 매우 중요한 부분이다. 또한 자사 제품을 적절한 가격으로 협상해서 많은 이윤을 남겼던 경험도 설득력이 있었다. 그렇다면 무엇이 문제였을까?

나는 먼저 B 기업의 홈페이지에 들어가 기업과 솔루션에 대한 정보를 찾아보았다. (누군가에게 전문적인 조언을 구할 때 랩톱 또는 패드는 필수적으로 지참하기를 이 자리를 빌려 강력히 권한다.) 하드웨어 기기 기업이지만 해당 산업의 변화로 인해 소프트웨어의 역할이 중요해지고 있는 시기여서 그 부분에 역점을 두고 있는 것이 읽혔다. (몇 번이나 강조했지만, 지원한 기업 홈페이지에 방문해서 정보를 찾는 것은 기본 중의 기본이며 매주 중요한 활동이다.)

K의 패착은 본인이 하고 싶은 이야기에만 집중했고, B 기업 대표와 임원이 듣고 싶은 이야기는 하지 않은 것이다. 이미 갖춰져 있는 하드웨어가 아니라 소프트웨어에 대한 발전 방향과 이를 위해 지사장으로서 해야 할 역할이 무엇인지가 비어 있었다.

빠른 대응, 그것이 어렵다면 로드맵으로

산업과 직무마다 달라서 일반화는 어렵지만, 소프트웨어가 엮여 있는 곳이라면 충분히 공감할 수 있는 내용이기에 K에게 했던 어드바이스의 일부를 공유하려 한다.

"B 기업의 솔루션(소프트웨어)은 두세 종류인데, 아마 고객 요구 사항은 수십, 수백 가지일 거야. 모든 요구 사항을 맞추려면 시간과 돈도 많이 들 뿐 아니라 다 맞춘다고 하더라도 솔루션이 이것저것을 다 집어넣은 정체불명의 잡탕이 되고 말기 때문에 절대 해서는 안 되는 일이지. 해서, 고객 요구사항 중 공통으로 필요로 하는 기능을 나열하고 중요도 및 긴급도에 따라 우선순위를 매기는 게 중요해.

그리고 제품 기획팀 & 제품 개발팀과 협의해 단기에 해결하고 추가할 수 있는 기능은 '지금 당장 해결해 드리겠습니다!' 하며 생색을 내고, 그러기에 힘든 기능은 '내년 상반기에는 추가되도록 제품 로드맵에 반영하겠습니다' 하면서 어떻게든 우리 솔루션을 구매하도록 유도해야 해."

즉 나는 K에게 해외 지사장이 해야 할 역할은 영업뿐만 아니라 고객의 니즈를 발 빠르게 파악해서 제품에 반영하는 프로세스에 참여하는 것임을 알려주었고, 이에 대한 나의 지식과 경험을 상세하게 알려주었다.

족집게 과외가 통했다!

"지난번하고 완전히 다르네. 자네, 어디서 족집게 과외받고 왔어?"

면접을 마친 K는 점심 식사를 겸한 최종 인터뷰에서 B 기업 대표가 자신에게 이렇게 말했다고 전해왔다. 완전히 달라진 만큼, K의 결과는 최종 합격. 현재 K는 유럽 지사장으로 나가 즐겁고 보람차게 일하고 있다. (물론, 출국 전에 지인들을 모아 거나하게 소고기를 쏘는 것으로 과외비를 냈다.) 후배 K의 사례를 통해 독자들에게 전달하고, 다시 한번 강조하고 싶은 세 가지는 다음과 같다.

첫째, 내가 가진 장점만 강조하는 것은 위험하다. (다른 지원자와 달리 후배 K는 3개 국어에 능통하다는 차별화된 강점에도 불구하고 유럽 지사장에 떨어질 뻔했다.)

둘째, 지원한 기업 홈페이지를 방문해서 최근 동향과 솔루션의 방향을 파악하는 것은 필수다.

셋째, 위에서 파악한 정보를 기반으로 상대방이 원하는 후보자의 이미지를 만들고, 그것을 충족시킬 수 있는 나의 경험 및 기술을 연결 지어 답을 준비한다.

용기 있는 P,
합격을 쟁취하다

해야 하나 싶으면 하라!

외국계 기업 생활에 관해 자주 묻던 지인 P. 어느 날 우리 회사 근처에 볼일이 있어서 왔다며 점심을 함께 먹자고 연락이 왔다. 약속 장소에 도착하니 방을 예약해두었길래 '긴밀히 할 이야기가 있나 보다' 싶어서 안부 인사는 간단히 하고 무슨 도움이 필요한지 먼저 물었다.

상황은 간단했다. 외국계 기업 S에 본인에게 맞는 자리가 생겼는데, 영어가 준비되지 않아서 지원해야 하나 고민하고 있다는 것이었다. 만약 지원했다가 떨어지면 앞으로 영영 기회가 없어지는 것 아닐까 하는 걱정과 함께. 나의 대답도 간단했다.

"해야 하나 싶으면 해. 나중에 해볼 걸 하고 후회하지 말고. 외국계 기업은 한번 떨어졌다고 나중에 지원하면 바로 탈락시키고 그런 거 없으니까 걱정하지 말고."

부족하더라도 시작하는 용기

P의 영문 이력서를 보면서 수정이 필요한 부분에 대해 피드백해 주고, 인터뷰에서 자주 하는 질문 리스트도 알려주었다. 외국계 기업 중에는 인터뷰 프로세스에 외국인이 있는 경우와 없는 때도 있는데, 다행히 P가 관심을 두고 있는 S 기업은 후자여서 조금은 수월했다.

다만, 이런 경우에는 굉장한 함정(?)이 있을 수 있다. 특정 질문에 대한 나의 대답을 영어로 다시 말해달라는 추가 질문이 따라붙기도 한다. 이런 상황에 대비해서 예상 질문에 대한 영어 답변도 준비하고 미리 암기하는 게 꼭 필요하다는 팁을 주었다.

이미 바쁜 와중에 직접 찾아왔다는 건 지원 의지가 있다는 것이고, 내 생각에는 본인이 더 용기를 낼 수 있는 말 한마디가 필요했던 것으로 보였다. 영어는 부족하지만 그래도 시작해 보려는 마음가짐이 좋았고 직무 능력과 성실함을 갖춘 사람이라, 나도 '될 가능성이 충분히 있으니까 잘 준비해봐' 하고 자신 있게 말해줄 수 있었다.

이걸 해내네, Respect!

이력서 수정본을 한차례 봐주고 보름 정도 후에 P로부터 인터뷰 일정이 잡혔다고 고맙다는 연락이 왔다. 한국말로 하는 건 걱정이 없으니, 예상 질문에 대한 영어 답변을 잘 준비해서 외우라고 다시 한번 상기시켜주었다. 굳이 스스로 작문하지 말고, 구글과 파파고 번역기를 잘 활용하라는 조언도 덧붙였다.

그래도 예상치 못한 질문에 어떻게 해야 하는지 고민하기에 "지금은 부족하지만, 기회를 주시면 반년 안에 꼭 채우겠습니다. 그때에도 부족하면 제가 스스로 회사를 나가겠습니다! 하면서 기세를 보여줘" 이렇게 농담 반 진담 반으로 말하면서 같이 웃었다. 그런데 우리나라 속담에 있지 않은가. '말이 씨가 된다.'

1차 실무자 인터뷰(Peer Interview), 2차 팀장 인터뷰(Hiring Manager)는 무사히 지나갔는데 3차 임원 인터뷰에서 우려했던 상황이 생겼다. 분위기 좋게 인터뷰가 진행되어 조금 들뜬 P, 본인이 수행했던 프로젝트에 대해 조금 장황하게 설명했는데 그 내용을 다시 영어로 설명해달라는 후속 질문을 받은 것이다. 일단은 준비된 영어 대답을 임기응변으로 이어 붙였지만, 임원의 표정이 심드렁해지는 걸 감지하고, 그래도 그 상황에서 주눅 들지 않고 꿋꿋하게 위에 준비한(?) 대답을 했다.

임원분은 "음, 그래요……"라는 간단한 대답 후 인터뷰를 이어 나갔고(물론 한국어로), P는 '호랑이한테 물려가도 정신만 차리면 산다'라는 생각으로 침착하게 인터뷰를 마무리했다고 한다.

하늘은 용기 있는 자를 돕는다

결과는 어땠을까? 바로 합격. P가 입사 후에 들으니 1~2차 인터뷰에 대한 피드백이 좋았고, 임원분도 '고객이 뭐라고 해도 잘 대처할 것 같다'라며 긍정적으로 봐주었다고 한다.

P 사례를 통해 전달하고 싶은 건 '극적인 상황', '반전이 있는 대처법' 같은 것이 아니다. 사실 드라마에 나오는 그런 반전은 현실에 존재하지 않는다. 위에도 언급했듯 P는 기본적으로 직무 능력과 성실함을 갖춘 사람이었고, 그 바탕 위에서 인터뷰를 매우 착실하게 준비했다. 그러한 장점이 면접관들에게 전달된 상태에서, 본인의 기개(Grit)를 보여준 것이 긍정적인 효과로 이어졌다고 보는 것이 옳다. 업무 능력을 증명하지 못한 사람이 기개나 상황 반전만으로 합격한다는 건 적어도 나와 내 주변 사람들의 경험에는 존재하지 않는다.

모든 것이 다 준비되었는데 영어가 부족해서 용기를 내지 못하는 사람이라면 P의 성공 사례를 꼭 기억하라고 말해주고 싶다. 하늘은 스스로 돕는 자를 돕고, 용기 있는 자가 미인이나 미남 더 나아가 마음에 쏙 드는 기업을 얻는다는 것을.

북큐레이션 • 4차 산업혁명 시대를 주도하는 이들을 위한 라온북의 책

《남들과 다르게 이직합니다》와 함께 읽으면 좋은 책. 기존의 공식이 통하지 않는 급변의 시대, 남보다 한발 앞서 미래를 준비하는 사람이 주인공이 됩니다.

진로, 취업, 이직
꿀팁 Q&A 수록

멀티잡 프로젝트

이진아 지음 | 18,000원

"커리어, 언제까지 한 곳에서만 쌓을 거야?"
멀티잡으로 내가 원하는 미래를 설계하는 방법!

디지털 세계의 장점은 기회의 장이 열려 있다는 것이다. 회사에서 일하는 동안에도 온라인과 SNS상에서 계속해서 매출이 발생할 수도 있고, 반은 자신의 현업에 집중하되 반은 새로운 직업을 위해 도전하는 것이 가능하다. 나의 새로운 전문성과 콘텐츠를 발굴해 멀티잡 계획을 설계하는 것은 비단 돈을 많이 벌기 위함이 아니다. 나의 새로운 잠재력과 능력을 키워 자유롭게 미래를 그려나가는 또 다른 길이며, 성취감과 보람 그리고 나의 가치를 높이는 프로젝트다. 이 책은 당신도 몰랐던 당신의 새로운 능력과 가치 그리고 수익 구조를 찾아줄 것이다.

해외 취업
초보를 위한
심화 Q&A 수록

링크드인 취업 혁명

김민경 지음 | 17,000원

"나는 세계 어디든 원하는 곳으로 취업한다!"
'링크드인'으로 시작하는 해외 취업 성공 노하우!

비대면 시스템이 비즈니스 시장의 중요 수단이 되었고, 가상현실, 인공지능 등 일상의 흐름을 바꿀 4차 산업혁명이 우리를 향해 빠르게 다가오고 있다. 이러한 시대에 취업과 이직을 준비하기 위해서는 '링크드인'이 필수다. 이 책은 링크드인을 활용한 프로필 셋법, 담당 포지션 어필, 포트폴리오 작성 등 해외 취업에 맞는 인재로 거듭나는 방법부터 3개월 안에 내가 원하는 타깃 1,000명과 연결되는 방법까지 해외 취업 성공 노하우를 담고 있다. 해외 취업을 위한 구체적인 솔루션 제시와 함께 링크드인을 무기 삼아 활용한다면 취업 성공의 문이 열릴 것이다.

이직 혁명

이창현 지음 | 16,000원

**이직 필수 시대! "더 이상 이직이 두렵지 않다"
나의 몸값을 10배 성장시키는 이직 프로젝트**

'연봉도 적은데 이직할까?', '회사 사람들도 안 맞고 일도 재미없는데 어떡하지', '내가 하고 싶은 일은 이런 게 아닌데' 등 직장인들은 늘 자신의 직장에 대해 고민한다. 이 책은 헤드헌터이자 커리어 컨설턴트인 저자가 다양한 직장인들을 성공적인 이직으로 안내해온 이직 노하우를 담고 있다. 이직 준비를 위한 커리어 패스 만들기부터 채용 시장에서 살아남는 경력기술서와 면접 스킬 등 세세한 사항들을 설명한다. 이 책을 통해 원하는 회사로 이직할 때까지 이직 활동을 지속해 나갈 수 있는 원동력을 갖게 되길 희망한다.

누구에게나 인생 직업은 있다

이우진 지음 | 15,000원

**"나도 내가 뭘 하고 싶은지 모르겠어"
매일 뭐 해서 먹고살지 고민하는 어른을 위한 해답서**

이 시대는 우리에게 진로를 생각해볼 시간을 주지 않는다. 어렵사리 들어간 직장에서 자신과 맞는 일을 하면 다행이지만, 그렇지 않은 사람들이 대다수다. 자신이 어떤 일과 잘 맞는지 제대로 일지 못하면 원하지 않는 전공을 선택하거나 기존에 쌓았던 커리어가 물거품이 되기 쉽다. 이 책은 더 이상 방황하지 않고 인생 직업을 찾을 수 있도록 이에 필요한 개념과 사례를 들어 알려준다. 또한 꼭 가고 싶은 직장을 만났을 때 면접관에게 돋보일 수 있는 다양한 스킬들을 소개한다. 인생의 방황을 끝낼 수 있는 기회를 이 책과 함께 붙잡길 바란다.